Clever bluffen – Internet Nie war es leichter und vergnüglicher, erfolgreich so zu tun, als ob Sie ein gewiefter Internet-User wären.

Es gibt kein besseres Werkzeug für den geborenen Bluffer als das Internet. Alles, was dort angeboten oder behauptet wird, braucht mit der Wirklichkeit oder mit Wahrheit nichts zu tun zu haben. Gleichwohl wird der Internet-User jederzeit als clever, informiert und up to date Eindruck machen können.

Mit Hilfe dieses Buches können Sie dasselbe erreichen, ohne überhaupt einen Telefonanschluß zu besitzen. Sie lernen das topaktuelle Fachwissen in konzentrierter Form kennen. Sie werden den Fachjargon und die Fachbegriffe beherrschen und über die Hintergründe und Zusammenhänge Bescheid wissen.

Kenner der Materie überprüfen ihr Fachwissen und können es leicht auffrischen, und alle anderen eignen sich dank einer Prise Ironie die Fakten auf spielerische Weise an, so daß die Lektüre ein reines Vergnügen ist.

Weitere Bände in der Serie »Clever bluffen«: ›Astrologie & Wahrsagen‹ (Bd. 14333), ›Champagner‹ (Bd. 14339), ›Golf‹ (Bd. 14336), ›Marketing‹ (Bd. 14334), ›Oper‹ (Bd. 14337), ›Philosophie‹ (Bd. 14331), ›Skifahren‹ (Bd. 14338), ›Verführung‹ (Bd. 14332).

Robert Ainsley wurde 1960 in Hull in England geboren und arbeitet als Redakteur für eine Fachzeitschrift über klassische Musik in Bath, wo er auch deren Web Site betreut.

Clever bluffen
Internet

Von Robert Ainsley

Aus dem Englischen von
Susanne Reininger

Fischer Taschenbuch Verlag

Deutsche Erstausgabe
Veröffentlicht im Fischer Taschenbuch Verlag GmbH,
Frankfurt am Main, Dezember 1998

Die englische Originalausgabe erschien unter dem Titel
›Bluff your way in the Internet‹ in der Serie ›The Bluffer's Guides‹
bei Ravette Books Ltd., Horsham

Überarbeitete Ausgabe 1998
Für die deutschsprachige Ausgabe:

Druck und Bindung: Clausen & Bosse, Leck
Printed in Germany
ISBN 3-596-14335-7

Inhalt

Einführung

Das Internet. Der Information-Superhighway. Der Cyberspace. Das World Wide Web. – All diese Bezeichnungen beschreiben die gleiche Idee: Ein paar Computer, die über eine Telefonleitung miteinander verbunden sind. Aber wie ein guter Verwandlungskünstler benutzt das Internet verschiedene Namen, von denen jeder erdacht ist, um unterschiedliche Identitäten vorzutäuschen.

a) **Das Internet.** Damit verbindet man die Vorstellung einer dicht vernetzten, beinahe familiären Gemeinschaft, die über Millionen von Computern gesellige Kontakte pflegt. Vor nicht allzu langer Zeit hingen die PC-Nutzer noch der Welt entrückt allein vor ihrem Rechner und fristeten ein trauriges Single-Leben. Dann kam das Internet und hat die vereinsamten Computer miteinander bekannt gemacht – und der Unterschied ist, daß nun alle gemeinsam entrückt vor ihrem Rechner ein trauriges Single-Dasein fristen.
b) **Der Information-Superhighway.** Das klingt so, als ob alle möglichen aufregenden Dinge superschnell und leicht erreichbar seien: Texte, Sounds, Grafiken, private und geschäftliche Mails. Doch das Ganze ähnelt

eher einer permanenten Autobahnbaustelle: Der Verkehr kriecht im Schneckentempo, es herrschen Frustration und Chaos, und überall sieht man Leute, die einander mit der Faust bedrohen.

c) **Cyberspace.** Dieser Begriff verheißt eine Traumwelt, in der alles von Computern erledigt wird, die dann die bestmögliche Lösung ausspucken. Friede im Himmel und auf Erden und Verständnis aller für alle werden hier gepredigt. Die virtuelle Realität macht das reale Leben besser, und jeder hat ein makelloses, blendendweißes Gebiß.
Im physikalischen Sinne besteht der Cyberspace, eben wie ein echter Raum auch, größtenteils aus einem Vakuum. An einigen Stellen dieses virtuellen Raumes lauern jedoch Fettnäpfchen und Tretminen. Wie magisch angezogen versammeln sich hier Außenseiter, Perverse und Extremisten, und es baut sich mehr Aggressionspotential auf als in einem Kriegsgebiet. Mit der realen Welt hat der Cyberspace nur noch eine Sache gemein: Beide Welten sind von unangenehmen Zeitgenossen bevölkert. Und nur wenige User könnten als Zahnpasta-Model Karriere machen – nämlich mit den Abdrücken, die sie in der Tastatur hinterlassen, wenn sie frustriert auf das Laden eines mit riesigen Grafiken vollgepackten Angebots warten.

d) **World Wide Web.** Es gaukelt das Bild einer wunderbar einfachen, geradezu eleganten Kommunikationsstruktur vor, die unter bestimmten Blickwinkeln genial gut aussieht. Dieser Teil des Internet enthält ja tatsächlich Bilder, Texte, Ton und Interaktion wie in einem durchgestylten Printmagazin. Die Bezeichnung verspricht interessante Dinge für jeden Geschmack. Aber weit gefehlt: Es ist chaotisch. Es ist unübersichtlich. Es besteht aus tausend kleinen unverdaulichen Stückchen. Und der Besitzer ist offenbar unbekannt verzogen.

Nichtsdestotrotz hat das Internet einen hohen Stellenwert. Die Leute glauben, daß es unheimlich interessant sein muß. Im Gegensatz zur normalen Computerei, die wichtig und nützlich ist, ist das Internet trivial und so gut wie nutzlos. Aber es ist eine faszinierende Art, seine Freizeit zu verschwenden. Die Zeit, die Sie nun übrig haben, weil der Computer Ihnen praktisch Ihre gesamte Arbeit abgenommen hat.

Das Internet ist besonders anziehend für Leute, die sich selbst faszinierend finden, aber eigentlich oberflächlich und eher unwichtig sind. Unter diese Kategorie fallen zum Beispiel Journalisten, die reichlich über das Netz publizieren und es dadurch ständig in der Diskussion halten. Nur wenige der Leute, die über das Internet schreiben, haben es tatsächlich auch schon benutzt. Das beruht darauf, daß nur wenige Internet-User auch schreiben können. Eine Tatsache, die sich bei einem Blick in die Newsgroups bestätigt.

Es gibt noch eine weitere interessante Tatsache in Bezug auf das Internet: Alles, was über das Netz gesagt wird, könnte stimmen. Jede Geschichte, jedes Gerücht, jeder Artikel von gejagten Hackern. Es könnte einfach alles wahr sein! Und wenn es jetzt noch nicht wahr ist, wird es im Jahr 2006 Wirklichkeit werden. Man sollte sich daher nicht auf Fakten oder die Wirklichkeit beschränken. Niemand, der etwas zu den Newsgroups beisteuert, tut dies. Sie können sich irgend etwas ausdenken: Zum Beispiel, daß Sie eine Newsgroup über die häusliche Pflege von Boa Constrictors gefunden oder die Pläne auf dem Rechner des Pentagon für den dritten Weltkrieg gelesen haben, eine E-Mail vom Papst erhielten oder per Real-Video verfolgen konnten, wie ein berühmter Hollywood-Star merkwürdige Dinge mit einem Blumenkohl getrieben hat. Es wird nicht immer plausibel sein, aber eindrucksvoll. Und keiner, nicht einmal ein Experte, wird in der Lage sein, Ihre Schilderungen zu widerlegen. Noch nicht einmal Leute mit Fachwissen über Schlangen oder Gemüse.

Das Internet hat keine Erfinder oder Pioniere, keine Helden und keine Person, die es berühmt gemacht hat. Wen auch immer Ihr Gesprächspartner mit Begeisterung erwähnt, er kann einfach als »überbewertet und unbedeutend« abgetan werden – und dieser Einwand wird immer richtig sein.

Genau das macht das Internet zu einem idealen Bereich, in dem man bluffen kann. Egal, ob Sie ein User sind oder nicht, dank dieses Buches werden Sie in der Lage sein, selbst mit Experten gleichzuziehen, und, was noch wichtiger ist, die Unterhaltung auf ein ganz anderes Thema zu lenken. Sie werden intelligent und wohlinformiert wirken und immer auf dem neuesten Stand der Diskussion sein, und Sie können vor allem bei denen, die überhaupt keine Ahnung vom Internet haben, unglaublich viel Eindruck schinden.

Was das Internet alles zu bieten hat

Im Internet sind Dienste verschiedenster Art verfügbar. Hier sind vier davon. Das ist mehr, als Sie jemals darüber wissen müssen. Denn manche Leute nutzen nur E-Mail und andere nicht mal das. Hier erhalten Sie wesentlich mehr Informationen, als Sie über jeden einzelnen dieser Dienste benötigen. Es gibt auch weitere Dienste im Internet (wenn nötig, würzen Sie einen Small talk mit Stichworten wie »Telnet« oder »IRC«. Wenn sie jemand erwähnt, können diese entweder als »Schnee von gestern« oder als »Idee, für die die Zeit noch nicht reif ist« ausgemustert werden. Ganz nach Ihrem Geschmack.

E-Mail
Elektronische Mail – meist E-Mail genannt – ist ein Teil des Internet, den fast jeder als äußerst nützlich bezeichnet. Vor allem große Firmen, die ihre Belegschaft »verschlanken« wollen, indem sie einfach das mittlere Management abbauen. Eine von deren Hauptaufgaben, nämlich der stetige Informationsaustausch, wurde einfach durch E-Mail ersetzt. Und nicht nur das. Diesen nun

überflüssigen Herren kann ganz diskret per E-Mail eine Kündigung in den Rechner flattern. Das erspart Zeit und vor allem die Peinlichkeit, sich von Angesicht zu Angesicht gegenüberzusitzen.

Für viele User besteht das Internet nur aus E-Mail. Denn jeder Computer kann eine Nachricht an einen anderen Rechner senden. Dazu müssen Sie nur Ihr E-Mail-Programm aktivieren, Ihre Nachricht schreiben, die Adresse hinzufügen und auf einen Knopf drücken. Schon wird Ihre Botschaft einen Moment später auf dem Monitor des Adressaten landen. Dort verweilt sie dann mehrere Wochen unbeantwortet, während man sich am anderen Ende der Leitung durch einen riesigen Berg von E-Mails arbeitet, der sich angehäuft hat, nachdem die besagten Manager aus dem Mittelbau entlassen wurden.

Auch Journalisten und Autoren lieben E-Mail. Denn das bedeutet, daß sie ihre Artikel und Texte direkt zum verantwortlichen Redakteur oder Lektor schicken können. Natürlich immer zu spät und buchstäblich auf den allerletzten Drücker. Redakteure hassen E-Mail aus demselben Grund.

Natürlich werden die Manuskripte sauber und ordentlich in Textdateien verpackt und übermittelt. Das ist ein weiterer Grund, warum Redakteure E-Mail hassen. Denn das bedeutet, daß auch Tipp- und Schreibfehler ordentlich verpackt sind. Aber so etwas nehmen Redakteure gelassen hin. Denn sie können ganz einfach auf den »Antwort«-Knopf drücken, eine kurze Nachricht verfassen; und schon erhält der Autor umgehend eine Mitteilung, daß sein Honorar aufgrund der schlampigen Schreibe leider gekürzt werden mußte.

E-Mail hat aber noch andere Vorteile. Vor allem im Vergleich zum Telefon oder einem Fax:

1. Sie können E-Mails verschicken oder nachschauen, ob Sie welche erhalten haben. Und das zu jeder Tages- und Nachtzeit.
2. Sie können jegliche Art von »Päckchen« an Ihre Nachricht anhängen – Bilder, Soundfiles oder Dokumente, die Sie mit Ihrem Textverarbeitungsprogramm verfaßt haben.
3. E-Mails lassen sich in Sekundenschnelle in fast jeden Teil der Erde verschicken.
4. Sie kosten praktisch nichts. Und wenn Sie mit einer Massenversendung tausend Leute anmailen oder nur eine E-Mail verschicken, macht das zeitlich kaum einen Unterschied.

So sieht jedenfalls die Theorie aus. In der Praxis ist das mit den E-Mails nicht ganz so einfach. Das wissen Bluffer natürlich und können ihren Nutzen daraus ziehen:

1. Woher weiß man eigentlich, daß die eben abgeschickte E-Mail auch tatsächlich angekommen ist? Natürlich können Sie Ihr E-Mailing-Programm per Knopfdruck anweisen, Ihnen automatisch eine Empfangsbestätigung zurückzuschicken. Aber daran denken Leute nur selten. Erfinden Sie hierzu einfach Geschichten von den zwei Computern, die sich gegenseitig Antwort-Mails zuschicken und am Ende einen fürchterlichen System-Crash verursacht haben.

Wenn sich jemand darüber beschwert, daß Sie nicht auf seine E-Mail geantwortet haben, sagen Sie einfach, Sie hätten sie gar nicht bekommen. Etwa weil der »Server abgeraucht« ist oder der E-Mail-Server offenbar heruntergefahren wurde – zufällig genau an dem Tag, an dem die Nachricht auf dem Weg zu Ihnen war. Der wahre Bluffer muß sich nie mit dem Beantworten von unbequemen und belanglosen E-Mails abgeben. Denn er hatte schon immer die passende Ausrede parat, etwa »einen kaputten Anrufbeantworter«, »ein leider unleserliches Fax«, oder »ein schlampiges Postamt«, auf dem offenbar Briefe verlorengehen.

2. Damit E-Mails schnell durch die vielen Kabel und Leitungen geschickt werden können, werden die angehängten Datenpäckchen vor dem Verschicken komprimiert. Hierfür verwenden die verschiedenen Maschinen und Systeme auch unterschiedliche Methoden. Wenn Ihre Bilder, Sounds und Files am anderen Ende wieder dekomprimiert werden, entpuppen sie sich oft als kryptisches Kauderwelsch. Klar, das können Sie natürlich behaupten, wenn Sie Zeit gewinnen wollen. Etwa: »Leider hätten diese Files natürlich/natürlich nicht als MIME-Kode entpackt werden sollen.«
3. Aber wie kommt es, daß die ellenlange und belanglose E-Mail von Ihrem Bekannten aus Japan in nur fünf Sekunden in Ihrem Briefkasten landet, während die furchtbar wichtige Nachricht mit der 24-Stunden-Frist, abgeschickt von einem Account um die Ecke, ganze zwei Tage im Cyberspace unterwegs ist? So etwas ist

jedem von uns schon mal passiert. Daher eignet sich dieses Szenario wunderbar für eine Begründung für viel zu spät beantwortete E-Mails. Die Leute werden Ihnen jede Erklärung abkaufen: Harald vom Technischen Service hat mal wieder Pornos aus dem Netz geladen und damit das System zum Absturz gebracht.

4. Irgendwann wurde der herkömmliche Postverkehr – die sogenannte Snailmail – von Massenwurfsendungen und Werbung befallen. Folglich wird E-Mail nun von einer artverwandten Seuche geplagt, nämlich ...

Junk E-Mail

... der Untergang des Internet. Betrüger, optimistische Klein-Unternehmer, Anbieter von Sex-Sites, fanatische Pressure-Groups – sie alle sind im Besitz Ihrer E-Mail-Adresse! Das Produzieren von CD-ROMs mit E-Mail-Adressen für Junk Mailing ist eine ganze Industrie; einige der Junk-Mails offerieren Ihnen sogar, solche CD-ROMs zu kaufen – auf der Sie dann wahrscheinlich auch Ihre eigene Mail-Adresse finden. Die CD-ROMs werden automatisch zusammengestellt: Ein Computer ist so programmiert, daß er soviel wie möglich Inhalte der ganzen Internet-Sites scannt. Wenn das Programm etwas aufspürt, das wie eine E-Mail-Adresse aussieht, dann nimmt er sie in seine Liste auf. Wenn Ihre Adresse zum Beispiel in einer Newsgroup, Web-Site oder in einem Listing auftaucht, sind Sie damit fast automatisch schon erfaßt.

Der Bluffer weiß, daß man sich kaum gegen solche Dinge wehren kann. Eine erboste Antwort-Mail an den Absender, in der Sie Ihre Streichung von der Mail-Liste fordern, kommt natürlich zu Ihnen zurück – meist mit der Anmerkung »Adresse des Absenders ist falsch«. Oder Ihre Mail wird schlichtweg ignoriert.

Bauen Sie daher folgende Schutzmechanismen ein:

1. Legen Sie sich zwei oder mehr E-Mail-Adressen zu: Ihre Geschäfts-Adresse geben einfach jedermann bekannt – wohl wissend, daß Sie hier bald mit Junk-Mails zugeschüttet werden. Ihre private E-Mail-Adresse geben Sie nur an gute Freunde weiter, etwa so wie eine Geheimnummer bei der Telekom.
2. Sie konfigurieren Ihr E-Mail-Programm so, daß es automatisch sämtliche Nachrichten löscht, die in der Titelzeile folgende Bezeichnungen enthalten: »Gelegenheit«, »$$$«, »Sex« »bereuen«, »Golfbälle«, »Hallo!« oder »Na, wie geht's?«. Hinter den beiden letzten harmlosen Einleitungsätzen verbergen sich meist trickreich Junk-Mails. Diese stecken meist auch hinter Mitteilungen, die nur aus Großbuchstaben oder Kleinbuchstaben bestehen. Damit können Sie immerhin rund 90 Prozent der Junk-Mails abfangen.

Das Junk-Mail-Problem hat so überhandgenommen, daß sich die Leute sogar darin messen, wer die größte Anzahl an Junk-Mails erhalten hat. Es gibt ihnen das Gefühl, wichtig zu sein. Wenn Ihnen also jemand eine Zahl nennt, sollten Sie diese sofort verdoppeln. Dadurch wird auch Ihre Ausrede glaubwürdiger, wenn Sie mal wieder behaupten: »Nein, ich habe keine Mail von Ihnen erhalten. Sicherlich war mein Mail-System mal wieder verstopft mit lauter Junk-Mail.«

Der E-Mail-Stil

E-Mail veranlaßt die Leute dazu, sich lieber zu schreiben als miteinander zu telefonieren. Deshalb könnte man annehmen, daß die Kunst des Schreibens – die ja durch das Telefon verdrängt zu werden schien – wiederbelebt wird. Dank E-Mail liegt sie inzwischen jedoch völlig im Koma.

Schuld daran ist der für gewöhnlich telegrammartige Schreibstil, den die meisten Computer-User pflegen. Um sich sowenig wie möglich mit Grammatik- oder Schreibregeln herumschlagen zu müssen, werden E-Mails so kurz wie möglich gehalten. Oft bestehen sie lediglich aus der bereits erhaltenen Nachricht, die mit »Ja«, »O.K., morgen um 10 Uhr«, »völliger Quatsch« oder einem entsprechenden Emoticon versehen wird. Dabei stößt man auf die merkwürdigsten Aneinanderreihungen von Wörtern und Buchstaben. Sätze ohne Verb auch. Miniaturabsätze. Manchmal werden E-Mails sogar komplett in Großbuchstaben geschrieben – mit der oberen Shifttaste. DAS BEDEUTET SOVIEL WIE BESONDERS LAUT REDEN.

E-Mail-Adressen

Um eine E-Mail zu verschicken, benötigen Sie die E-Mail-Adresse des Empfängers. Die besteht aus einer einfachen Aneinanderreihung des Namens, mit dem der Empfänger identifiziert wird, eines @-Symbols (auch Klammeraffe genannt) und einer Buchstabenabfolge und Punkten, um sicherzustellen, welcher Computer in der virtuellen Welt auch als Briefkasten fungiert. So hätte zum Beispiel Robert Ainsley vom Fischer Verlag die einfache E-Mail-Adresse robert@s-fischer.de. Das könnte so sein, muß aber nicht. Die Adresse könnte auch etwa so lauten:

robert.ainsley@compuserve.com
oder:
ra_ptc@hardware-div.ccannel.com

(»E-Mail, ganz einfach?«, könnten Sie insistieren. »Dann probieren Sie doch mal, *das* hier am Telefon zu diktieren...«)

Die letzten Buchstaben einer E-Mail-Adresse verraten übrigens das Land: »de« für Deutschland liegt ja ziemlich klar auf der Hand. Aber Sie können Ihre Mitmenschen mit ungewöhnlichen Länderkennungen enorm beeindrucken: etwa mit ».jp« für Japan, ».no« für Norwegen, ».ve« für Venezuela oder, ».aq« für die Antarktis. Oder Sie erfinden einfach selbst welche: Lassen Sie sich dazu ganz einfach von einem Blick in eine Tageszeitung und den Berichten über weitgehend unbekannte Republiken in der dritten Welt inspirieren. Wenn Sie derartige Kennungen benutzen, impliziert das natürlich, daß Sie E-Mail-Kontakte mit aller Herren Ländern pflegen.

Amerika, das Land, das für die »Erfindung« des Internet verantwortlich zeichnet, benutzt nicht etwa ».us«, oder etwas Ähnliches, sondern überhaupt keine Abkürzung am Ende eines amerikanischen Online-Briefes oder einer Internetadresse.

Damit verhält man sich so, wie im England des 19. Jahrhunderts, als man es dort gar nicht für nötig befand, etwa »Great Britain« oder »United Kingdom« auf die

Briefmarken aufzudrucken, weil kein Engländer auf den Gedanken gekommen wäre, daß es noch andere ernstzunehmende Länder außerhalb ihrer Insel geben könnte.

Im zeitgenössischen Amerika scheint die Einstellung dieselbe zu sein, wenn auch mit etwas mehr Berechtigung aufgrund der überwältigenden zentripetalen Macht des Internet.

Unterschriften

Je intelligenter und gebildeter eine Person ist, desto unleserlicher ist deren Handschrift. Das weiß jeder. Aber diese Regel ist schlichtweg falsch! Sie ist nur dazu da, damit sich Leute mit einer Sauklaue nicht diskriminiert fühlen. Geschäftskorrespondenz wird heutzutage meist mit einer Textverarbeitung erledigt. Dem Verfasser bleibt dabei nur noch ein Weg, seine Intelligenz unter Beweis zu stellen: mit einer vollkommen unleserlichen Unterschrift.

E-Mails bieten diese Möglichkeit jedoch nicht. Wie sollte ein Arzt auch seine traditionell unleserlichen Rezepte retten, wenn diese eines Tages nur noch per E-Mail ausgestellt werden dürften?

Viele E-Mail-Programme bieten Ihnen die Möglichkeit, eine Unterschrift einzugeben, die dann automatisch an das Ende Ihrer geschriebenen Nachricht gesetzt wird. Aber es ist eben keine normale, handgeschriebene Unterschrift. Eine E-Mail kann nur im ASCII-Format befördert werden. Das bedeutet eben, man kann nichts anderes als die üblichen Buchstaben und Zahlen sowie eine Handvoll Interpunktionszeichen (und ein bißchen mehr) von der Tastatur verwenden.

Die Amerikaner, die uns E-Mail bescherten, haben bis heute noch nicht wahrgenommen, daß nicht in allen Ländern der Dollar als Währung gilt. So kann zum Beispiel das »£«-Zeichen, das für die englische Währung Pfund Sterling steht, nicht in einer E-Mail eingesetzt werden. Kurz und knapp, eine E-Mail kommt ungefähr nur mit soviel Zeichen wie eine herkömmliche Schreibmaschine aus.

Deshalb benutzen die Leute wirre Muster aus ASCII-Zeichen als Unterschriften. Das hat ungefähr den gleichen Effekt wie ein einstürzendes Baugerüst. Eine große Tabelle mit _ und / Symbolen, verziert mit Dutzenden von Buchstaben. Kreuz und quer, drunter und drüber. Schaut man sich das Ganze aus ein paar Zentimetern Entfernung an, sieht es aus, als hätte ein Baby eine Mauer aus nicht zusammenpassenden Legosteinen zu bauen versucht. Und aus dieser Entfernung können Sie die Mail auch mit guter Sehschärfe nicht mehr entziffern. Aber das ist in der Regel sowieso überflüssig.

Einige innovative Unterschriften-Künstler entwerfen aus Buchstaben ein lachendes Gesicht, die Umrisse von Raumschiff Enterprise oder eine angebissene Pizza. Hiermit offenbart der Absender auf mehr oder weniger originelle Weise seine persönlichen Vorlieben und Interessen. Die meisten Unterschriften bestehen jedoch aus herkömmlichem und leserlichem Text. Diese Signaturen können den Namen der Person enthalten, ihre Berufsbezeichnung, die E-Mail-Adresse und eine kryptische Bemerkung, deren Sinn wohl nur der Unterzeichner selbst versteht. Für andere bleibt sie unverständlich. Doch sie macht eben optisch was her.

Wie Sie an E-Mail Kritik üben

Sie können den ganzen Komplex E-Mail völlig gelassen miesmachen:

1. Die Leute benutzen E-Mail viel zu selten. Das hat zur Folge, daß Sie genauso viele Memos, Telefonanrufe, Faxe und Briefe erhalten wie eh und je. Zusätzlich aber müssen Sie noch eine Menge Zeit investieren, bis Sie gelernt haben, mit einem E-Mail-System richtig umzugehen. Natürlich müssen Sie auch regelmäßig Ihren elektronischen Briefkasten sichten, auch wenn Ihnen sowieso kaum jemand schreibt.
2. Die Leute verwenden E-Mail viel zu oft. Statt eines Telefonats, das vielleicht fünf Minuten dauert, plagen Sie sich mit einem »Dauergespräch«, das sich über ein paar Dutzend E-Mails erstreckt. Und diese wiederum müssen Sie natürlich alle beantworten.

So überstehen Sie jede Kontroverse

Dort, wo mit dem Computer gearbeitet wird, stößt E-Mail vor allem bei Frauen auf große Begeisterung. Denken Sie sich einfach einen Grund dafür aus. Es sollte entweder eine positive Begründung sein, die Sie mit Schlagworten wie »Vertrautheit... Privatsphäre... neue Art des Dialogs... vom kommunikativen Aspekt her wesentlich wertvoller als blöde Computerspiele« garnieren können. Eine abfällige Begründung könnten Sie etwa so formulieren: »E-Mail fasziniert Frauen, weil sie auf diesem Wege über ihre Kollegen lästern und gleichzeitig Arbeit vortäuschen können.« Denken Sie sich etwas aus, von dem Sie annehmen, daß es die Leute am meisten auf die Palme treibt.

Newsgroups

Ein großer Bereich im Internet, der auch »Usenet« genannt wird, gehört den sogenannten Newsgroups. Das sind elektronische »Schwarze Bretter«, von denen jedes für ein spezielles Thema reserviert ist. Sie können Fragen stellen, Ihre Meinung äußern, ein paar Neuigkeiten aufschnappen oder Ratschläge einholen.

Andere Teilnehmer einer Newsgroup lesen Ihren Anschlag, den Sie »gepostet« haben – hier schicken Sie keine Nachricht, sondern »posten« Sie an ein Schwarzes Brett. Ihre Nachricht landet dann mitten in einer Vielzahl bereits vorhandener Postings, die ordentlich nach Titeln aufgelistet sind. Sie sehen aus wie bruchstückhafte Teile einer Unterhaltung. Zum Beispiel:

»*Warum der Präsident zurücktreten sollte* – Scott«
»*Warum Scott blöden Mist erzählt* – Todd«

Ein Klick auf eine dieser Mosaiksteinchen offenbart Ihnen den vollständigen Inhalt der jeweiligen Nachricht. Etwa, warum Scott der Meinung ist, daß der Präsident zurücktreten sollte, und so weiter. Wenn Sie auf einen Button auf einer solchen Seite klicken, können Sie Ihre Sicht zu diesem Thema äußern. Natürlich können Sie auch eine neue Frage, einen neuen Kommentar oder irgend etwas anderes, was Ihnen auf den Nägeln brennt, posten. So bringen Sie eine neue Konversation in Gang und spinnen einen Gesprächsfaden.

Bereits innerhalb weniger Minuten finden sich neue gepostete Posts als Antwort auf Ihren Anschlag am Schwarzen Brett. In diesen wird Ihnen – für alle lesbar – mitgeteilt, daß Ihre Frage bescheuert, Ihre Meinung einfach blödsinnig und Ihre Neuigkeit nicht richtig oder schon längst ein alter Hut ist.

In kürzster Zeit können sich aneinandergereihte Postings, die aufeinander Bezug nehmen, verselbständigen: So entstehen völlig neue Diskussionen, die sich irgendwann vom ursprünglichen Thema abgespalten und verselbständigt haben. Davon zeugen kryptische Überschriften wie »Re: Irgendwelche geilen Handlungen mit jungem Gemüse«. Dahinter verbirgt sich eine Antwort auf die Anfrage: »Kann mir jemand eine interessante CD-Aufnahme mit Liedern von Gustav Mahler empfehlen?«. Gemeint waren hier offenbar Mahlers Lieder aus »Des Knaben Wunderhorn«.

Newsgroups gibt es für jedes nur erdenkliche Interessengebiet. Sie können also zu jedem beliebigen Thema eine Diskussionsrunde starten und dabei überhaupt nichts verkehrt machen. Die Titel der Gesprächsthemen sind meist mit »alt«- oder »rec«-Punkt-irgendwas gekennzeichnet: zum Beispiel »alt.fan.madonna«, »rec.Gurken.Eigenzüchtung«, »rec.nackt.alpin.mountainbiking« oder »alt.lama.landwirtschaft«. Wie mancher Titel bereits verrät, finden sich hierunter auch pornographische Newsgroups. Der Zugang zu diesen Gruppen bleibt jedoch für Sie, beziehungsweise für Ihren Büro-Computer tabu.

Es ist kinderleicht, dieselbe Nachricht an mehrere Newsgroups zu schicken. Ein solcher informativer Bombenteppich wird auch »Cross-Posting« genannt. Und wenn Ihre Nachricht bei zahlreichen belanglosen Newsgroups landet, verärgert das die jeweiligen Mitglieder mehr als sie jemals zu träumen wagten.

Wenn Leute eine Antwort auf ein Posting posten, ist oft auch der komplette Originaltext in der Antwort enthalten, wobei jede Zeile mit einem > Zeichen gekennzeichnet ist. Antworten auf Antworten können sich folglich über mehrere Seiten erstrecken. Hier können Sie kräftig polarisieren: »Worin besteht denn der Sinn und Zweck, drei Seiten Kommentare zu lesen, die mit der eigentlichen Botschaft, nämlich einem kümmerlichen ›Ich stimme Dir zu‹ enden?« Oder andersherum: »Wo ist der Sinn und Zweck, ein ›Ich stimme Dir zu‹ abzuschicken, wenn man die vorherigen Meldungen gar nicht lesen kann, auf die sich diese Antwort und deren Kontext bezieht?«

Wenn Sie über Newsgroups fachsimpeln, ist es gar nicht nötig, daß Sie tatsächlich auch schon an einer teilgenommen haben. Wenn die Person, mit der Sie diskutieren, Ihre Argumente erwidert, ohne zwanghaft alle zwei Minuten irgendwelche Flüche in Großbuchstaben aufzuschreiben, dann haben Sie keinen echten Newsgroup-Benutzer vor sich. Daher kann er Sie auch nicht als Bluffer enttarnen.

Flaming

Newsgroups bringen Leute mit den gleichen Interessen zusammen. Meist sind es gleiche Interessen wie Herumschimpfen, Provozieren, Verleumden oder das Erfinden angelsächsischer Wörter, die eine Menge Punkte beim Scrabbeln einbringen. Flaming – das Posten von aggressiven Kommentaren in einer Newsgroup – wird sehr ernst genommen in der Diskussionsgemeinde: Einige Leute nehmen es sogar so ernst, daß sie ihre Beschimpfungstechniken jahrelang bis zur Perfektion trainieren.

Bei so vielen wüsten Beschimpfungen, Obszönitäten und Diffamierungen, die immer wieder in den Newsgroups gepostet werden, müßte eines Tages das Gesetz geändert werden und der eigentliche Verursacher zur Rechenschaft gezogen und bestraft werden – eher als der Betreiber einer Newsgroup, der seine »Laber-Ecke« sauberhalten sollte, aber meist nicht die Zeit dazu hat. Wenn es tatsächlich eines Tages einige Musterprozesse wegen Verleumdung und diffamierenden Äußerungen gäbe, würde dies eine ganze Welle von Verleumdungsklagen auslösen. Aus Angst verklagt zu werden, würden die Leute in den Newsgroups auf einmal sehr höflich und freundlich sein. Das wäre ein großer Fortschritt; endlich würden Ruhe und Frieden einkehren. Und außerdem – das ist fast der wichtigere Teil – müßten sich die Anwälte, die sich auf Verleumdungsklagen in Newsgroups spezialisiert haben, »draußen« auf ehrliche Art ihren Lebensunterhalt verdienen.

Das Interessanteste entdecken Sie, indem Sie in einer Newsgroup gezielt durch die einzelnen Kommentare blättern (browsen), um zu sichten, wer die cleversten, hilfreichsten und und fachkundigsten Kommentare schreibt. Machen Sie eine kleine Auflistung von diesen Schreibern. Und dann korrespondieren und fachsimpeln Sie mit diesen Leuten ganz einfach persönlich – via E-Mail. Zuvor müssen Sie nur noch die entsprechende E-Mail-Adresse heraussuchen und zuordnen. Aber sie wird Ihnen wahrscheinlich schon bekannt sein. Es ist nämlich Ihre eigene.

Abkürzungen

Eine weitverbreitete Angewohnheit in Newsgroups ist der Gebrauch von Abkürzungen. Da können Sie zum Beispiel lesen: »ÜGIMZE, daß Scott anderer Meinung war. ME lag er damit falsch, ADAS vielleicht auch nicht«. Übersetzt heißt das soviel wie »Übrigens glaube ich mich zu erinnern, daß Scott anderer Meinung war. Meines Erachtens lag er damit falsch, auf der anderen Seite vielleicht auch nicht.«

Sie könnten aber auch folgende Nachricht erhalten: Ich BDAD Du EBNPB. Ich möchte DGNK. Wie wär's mit ENA? Übersetzt bedeutet diese freundliche Botschaft: Ich bin der Ansicht, daß Du eine besonders nette Person bist. Ich möchte Dich gerne näher kennenlernen. Wie wär's mit einem netten Abendessen?

Sie müssen sich einfach über TLAs, FLAs, SLAs und all die anderen komischen Akronyme (oder Abkürzungen) in Mails lustig machen! Denn sie offenbaren einen verkümmerten Geist, der nicht fähig ist, vernünftige Sätze zu formulieren, sondern nur Buchstabenblöcke aneinanderzureihen oder anderer Leute Ideen nachzuahmen.

Sehen wir uns doch mal häufig in der E-Mail-Szene verwendetete Akronyme an, wie zum Beispiel ROFL. »Roll on the floor laughing« – beschreibt einen beunruhigenden Geisteszustand: »Lachend auf dem Boden herumrollen«. Der nähere Sinn dieses »Satzes« ist nur schwer nachvollziehbar. Aber er gilt eben als humoristischer Standard im Internet. NALOPKT – »Not a lot of people know that«: »Nicht viele Leute wissen das« – oder würden erraten, was damit überhaupt gemeint ist. TNSTAAFL – »There's no such thing as a free lunch«: Es gibt nichts Besseres, als ein kostenloses Mittagessen. Dann ist da noch das sehr ärgerliche und unhöfliche FOAD – »Fuck off and die«: »Verpiss' Dich und verrecke«, ein Satz der immerhin zwei konkrete Handlungsanweisungen enthält.

Benutzen Sie niemals irgendeine der hier genannten Beispiele in ihren E-Mails. Wenn es Ihnen doch einmal aus Versehen passieren sollte, ärgern Sie Ihr Gegenüber dann wenigstens mit der erweiterten Form ASAP bis zur Weißglut.

Wie Sie an Newsgroups Kritik üben:
Sie können ganz gelassen das Thema Newsgroups mit einer der beiden folgenden Begründungen miesmachen:

1. Die einzelnen Sachgebiete sind einfach zu groß und unübersichtlich. Es gibt viel zu viele Meldungen, die einfach keinen Menschen interessieren. Diese meist riesige Menge an Meinungen und Themen beschert nur langsame Ladezeiten. Die Sachgebiete müßten deshalb in kleinere Gruppen unterteilt werden.
2. Die Sachgebiete sind einfach zu speziell. Deshalb sind zu wenige Mitteilungen in den Boards. Immer von denselben langweiligen Leuten, die sich immer auf die gleiche Weise gegenseitig beschimpfen. Deshalb ist es völlig sinnlos, regelmäßig in eine Newsgroup zu schauen. Sie sollte mit einer anderen Gruppe zusammengelegt werden, dann wäre sie größer und ergo interessanter.

So überstehen Sie jede Kontroverse

Newsgroups sind ein ideales Refugium für depressive, introvertierte und verklemmte Typen, die sich nur dann trauen, irgendwelche Beschimpfungen loszulassen, wenn sie anonym bleiben und sich hinter ihrem Computer verstecken können. Argumentieren Sie, daß dies ja ein wertvoller Dienst für die Gesellschaft sei (»Diese Leute können ihren Frust einfach an der Tastatur abreagieren, anstatt jemanden wirklich zu traktieren ... das gibt diesen Menschen eine echte Aufgabe ... das ist doch vollkommen harmlos«). Oder Sie behaupten, daß Sie darin einen sehr erschreckenden Trend erkennen (»Die Leute sind nicht mehr in der Lage, Konflikte und Auseinandersetzungen mit einem wirklichen Gegenüber von Angesicht zu Angesicht auszutragen ... einfach entmenschlichend! ... extrem gefährlich«).

World Wide Web (WWW)

Das World Wide Web ist der Hauptgrund für das rasante Wachstum des Internet. Wie Pilze sind die ganzen Angebote im WWW aus dem Boden geschossen. »Über Nacht gewachsen und gut mit Mist gedüngt«, könnte man dazu auch anmerken.

Das Web ist der aufregendste Teil des Internet. Denn im Gegensatz zu E-Mails und Newsgroups enthält es Bilder. Und nicht nur das. Es kann uns Sounds vorspielen, kleine Filmchen und Animationen vorführen. Es zeigt uns sogar Formulare zum Ausfüllen von Kreditkartendaten an, um all die schöne Dinge zu bezahlen, die online angepriesen werden. Das Web ist zugleich auch ein interaktiver Spielplatz, auf dem eine Menge Geschicklichkeits-, Abenteuer- und andere Spiele auf uns warten.

Je schneller die Computer wurden, desto langsamer wurden Web-Sites. Die Regel ist ganz einfach: Verdoppelt sich die durchschnittliche Leistungsfähigkeit eines Rechners, gelingt es Designern tatsächlich, eine Site doppelt so kompliziert zu gestalten. Das wiederum bewirkt, daß die Site um ein Vierfaches langsamer wird.

Der Grund ist ganz einfach: Ein Auftritt im Web gilt als Statussymbol für eine Firma oder eine Person, die diese Seiten betreut. Wer im Jahr 1994 eine mickerige Seite mit einem Text und einem Bildchen ins Web stellte, erntete damit noch erfürchtiges Staunen. Heute ernten Sie dafür nur ein müdes Lächeln. Trendbewußte Manager und Firmeninhaber glauben, eine wirklich eindrucksvolle Web-Site zu benötigen. Und die Designer reißen sich regelrecht um solche Kunden. Das Ergebnis ist erschreckend: Große Grafiken mit minutenlangen Download-Zeiten, schwerfällige, blinkende Animationen; »Mouse overs« mit versteckten Bildern, die sichtbar werden, wenn der User mit der Mouse darüberfährt. All diese netten Dinge bewirken ewige Wartezeiten. Die Manager selbst benutzen nie das Internet, deshalb nehmen sie auch gar nicht wahr, wie langsam ihre Site ist. Sie geben das OK für das fertige Screen Design, das sie auf dem Apple Macintosh des Designers zu sehen bekommen. Der Vorstand wiederum segnet das Projekt ab, weil er gar nicht wahrnimmt, wie langsam seine Manager sind.

All das gibt Ihnen die Gelegenheit, Ihre Meinung zu einer Firmen-Web-Site zu bekunden, ohne diese jemals gesehen zu haben. Sie können sagen, diese sei sehr eindrucksvoll, aber zu überladen, zu langsam und mit unsinnigen Animationen und Mouse Overs bestückt. Zusätzlich können Sie noch anmerken, daß diese Site nicht mehr Informationen enthält als die vorhandene Firmen-Broschüre. Mit diesen Bemerkungen werden Sie garantiert immer richtig liegen.

Browser

Es wird behauptet, daß Lexika und Wörterbücher überarbeitet und neu aufgelegt werden müßten, um all den vielen neuen Begriffen aus der Kommunikations- und Informationstechnologie Rechnung zu tragen. Mit dem Wort »Browser« beispielsweise bezeichnet man ein Programm, das Dokumente aus dem Internet entschlüsseln und auf Ihrem Bildschirm lesbar darstellen kann. Das Besondere an einem Browser ist, daß er Internet-Files nicht nur in Textform, sondern auch graphisch darstellen kann: durch Bilder, Grafiken, Wortreihen, Überschriften sowie schöne Tabellen mit Zahlen und Texten, Klänge und Animationen. Er zeigt uns sogar Formulare an, die Sie dazu animieren, online nette Dinge zu ordern und mit Ihrer Kreditkarte zu bestellen. Eindeutig etwas völlig anderes als das, was ursprünglich der Wortinhalt von »Browser« war. Diesen entnehmen wir dem Chambers – dem englischen Standard-Wörterbuch. Er definiert »Browser« als »one who reads desultorily«. Schauen wir wiederum im Langenscheidt nach, was »desultorisch« heißt, so finden wir dort die Adjektive »sprunghaft, zwanglos, planlos«. Diese Einträge benötigen absolut keine Neubearbeitung, um das Internet zu erklären.

Die Browser, die fast jedermann benutzt, sind Microsoft's Internet Explorer und Netscape Navigator. Ständig kommen neue Versionen dieser beiden Browser auf den Markt. Und das Pingpong-Spiel geht immer weiter. Deshalb können Sie getrost behaupten, daß der Browser, den Ihr Gesprächspartner benutzt, sowieso schon längst veraltet ist. Addieren Sie einfach eine eins zu seiner Browser-Version und bemitleiden Sie ihn: »Was, Sie verwenden immer noch Version 5? ... Die Beta-Version von 6 ist um Klassen besser!«

Einerlei welchen Browser Ihr Gegenüber benutzt, sagen Sie einfach, er solle den anderen verwenden. Benutzt er Netscape? »Oh, aber nur IE4 kann Dynamic HTML umsetzen«. Er benutzt IE? »Wie schade, aber nur Netscape 4 kann JavaScript sauber darstellen«. Wenn einer Ihrer Gesprächspartner tatsächlich einmal auf seinem Standpunkt beharren sollte, behaupten Sie, daß der andere Browser seltener abstürzt. Das wird Ihnen jeder glauben müssen.

Links

Jeder Textteil, der unterstrichen ist – ein sogenannter **Link** –, ist anklickbar. Hinter ihm verbirgt sich **eine weitere Seite** oder eine Information mit **weiteren Links**, entweder **zu anderen Seiten** auf der gleichen Site oder zu anderen Homepages. Diese Markierungen sind auf die Dauer ziemlich nervig, wie Sie sehen können. Die populärste Seite im Internet gehört einem gewissen User mit dem Pseudonym »Error 404«. Seine schlichte Botschaft an den Rest der Welt lautet: »Ihre angewählte Seite konnte nicht auf diesem Server gefunden werden.«

Ein File, das Sie herunterladen und auf Ihrem Rechner abspielen können, etwa um Klänge zu produzieren, wird **Soundbyte** genannt. Oder Soundbyte, sound byte sowie auch sound-byte: Welche dieser Versionen Sie auch immer verwenden, begründen Sie Ihre Wahl mit einer schlauen Anmerkung: »Übrigens, dieser Begriff stammt aus dem Griechischen/ Lateinischen/ Englischen«. Wenn Sie Ihr Gegenüber in Ehrfurcht erstarren lassen möchten, ergänzen Sie, daß »ein Bindestrich/ Leerzeichen wichtig/ unnötig/ gefährlich ist, nämlich wegen der Bestimmungen der File-Namen auf Unix-Servern«.

Eine graphisch schön gestaltete und regelmäßig gepflegte Web-Site oder Homepage wird als »hot« bezeichnet. Eine Site, die besonders heiß ist, wird »cool« genannt. Eine Site, die außergewöhnlich gut gemacht ist, erhält die Auszeichnung »wicked«, was soviel heißt wie »teuflisch«. Je mehr eine Site mit Grafiken und Tabellen beladen ist, desto eher ist man geneigt, sie als »neat« oder einfach »ganz ordentlich« einzustufen. Mit all diesen Bezeichnungen können Sie jede kritische Anmerkung über eine Web-Site machen. Aus Ihrer Beschreibung wird nie klar hervorgehen, ob Sie eine Site besonders lobenswert oder schlecht finden, oder ob sie das verdammte Ding einfach nur komplett erfunden haben.

Web-Sites

Betrachten Sie mehr als eine Web-Site und Sie haben das todsichere Rezept für Augenschmerzen. Das »Schaufenster«, über das Sie in die anderen Bereiche gelangen, wird **Homepage** genannt. Und je größer die Web-Site, desto kleiner ist die URL der Homepage. Je größer die Web-Site, desto wahrscheinlicher ist es, daß sie das »Aushängeschild« eines großen Unternehmens ist. Irgendeiner großen Multimedia-Agentur wurde eine Menge Geld in den Rachen geworfen, damit die Site ein professionelles Design erhält und fachmännisch programmiert wird. Nur schade, daß keine guten Texter beauftragt wurden.

Und so können Sie auf einen Blick feststellen, ob die Site überhaupt einen Besuch wert ist: Dividieren Sie die Zahl 100 durch die Buchstaben-Länge der URL – das ergibt einen interessanten Wert. Das ist Prozentrechnen! Wenn Sie sich einmal zu Gemüte führen, daß alle URLs mit einem »http://www.« beginnen – allein das ergibt schon elf Punkte! –, dann können Sie sich auch vorstellen, wie anregend die meisten Web-Sites sein müssen.

Frames

Einige Web-Sites sind in einzelne Fenster, sogenannte »Frames«, unterteilt. Diese bieten Ihnen als Bluffer ein ideales Gesprächsthema. So äußern Sie sich kompetent für eine Framelösung: »Frames machen eine Site viel schneller, denn es muß ja nur das relevante Fenster mit der neuen Information geladen werden und nicht gleich die komplette Site«. Oder Sie behaupten mit der Cleverness eines wahren Bluffers genau das Gegenteil: »Frames machen Sites träge und verwirren die Suchmaschinen, denn sie erfassen nur separate Fenster«.

Das Unangenehme an einer Framelösung ist, daß Frames benutzt werden, um Werbung an den Mann zu bringen. Für gewöhnlich laden sich diese nur sehr langsam und verzögern damit den Aufbau der Bereiche, die Sie eigentlich sehen wollen.

URLs

Die URL einer Web-Site ist wie deren Adresse. Tippen Sie eine URL in das Eingabefeld Ihres Browsers und schon erhalten Sie Zugang zu ihr – überall auf der Welt von jedem Computer aus, der einen Internetzugang besitzt. Nur wenige Leute wissen jedoch, daß URL nicht – wie oft angenommen – die Abkürzung von »Uniform Resource Location« ist. Was soviel heißt wie »Einheitlicher Ressourcen-Standort«. Eine URL ist nämlich ein »Unified Resource Locator«, also ein Adressierungssystem für das Internet, das beschreibt, wo sich eine gewünschte Information befindet. Seien Sie sicher, daß Sie Ihrem Gesprächspartner sagen, daß er völlig falsch liegt, egal was er behauptet. Und untermauern Sie Ihr Argument ganz einfach mit einer unwahren Behauptung, wie etwa »so sagen es die offiziellen Richtlinien von Microsoft«.

URLs enthalten meist ähnlich kryptische Buchstabenfolgen wie E-Mail-Adressen (.kwiknet.co.uk, usw.). Aber sie sind leichter zu entschlüsseln. Eine E-Mail-Adresse hat immer das @-Symbol – auch »Klammeraffe« genannt – in der Mitte. Ein sogenannter Slash (/) wird jedoch nicht verwendet. In einer URL werden Sie nie einen Klammeraffen finden und auf den Seiten hinter dieser Site wird es vor Slashes nur so wimmeln. Natürlich kann sich eine URL auch über mehrere Zeilen erstrecken: Auf dem Computer, auf dem die Site physikalisch beheimatet ist, liegen wahrscheinlich Tausende verschiedener

Files. Und das Slash-Symbol hilft, die vielen Files in Gruppen zu unterteilen.

Meist ist es so: Je länger die URL, desto weniger interessant ist der Inhalt für die meisten Leute. Wenn Sie also behaupten, etwas Obskures und Spezielles im Internet entdeckt zu haben – sagen wir mal, eine Liste mit Seriennummern von historischen Dampfloks aus dem Wilden Westen, die noch bis 1935 in Evercreech (wo auch immer das sein mag) eingesetzt wurden – dann denken Sie sich dazu gleich eine nette URL aus; etwa wie diese hier: http://www.steam-trains.co.uk/~R.Ainsley/Great_Western/EvcrchJunctn/35/bogeys.html.

URLs enthalten oft auch eine sogenannte Tilde (~), die aussieht wie ein Schnörkel oder eine Welle. Falls Ihr Gesprächspartner das kleine Symbol als »Schnörkel« oder »Welle« bezeichnet, korrigieren Sie ihn betont lässig und ein bißchen von oben herab. Selbst der größte Besserwisser wird sich dann dumm und amateurhaft vorkommen. Kennt Ihr Gegenüber das richtige Wort, können Sie ihn ebenfalls korrigieren: Bestehen Sie auf die beiden anderen Bezeichnungen, um ihm das Gefühl zu geben, daß er ein Pedant und Klugscheißer ist.

URLs registieren

Es ist einfach eine eigene URL zu bekommen. Für eine relativ geringe Jahresgebühr können Sie das Recht an einer bestimmten Internetadresse erwerben. Wenn Sie zufälligerweise Engländer sind und Phil Collins heißen, könnten Sie sich die URL www.collins.co.uk und passend dazu die E-Mail-Adresse phil@collins.co.uk zulegen. Wenn Ihr Name allerdings McDonald lautet oder Ihre Initialien sich aus den Buchstaben IBM zusammensetzen, könnte Ihnen jemand bereits diese URLs vor der Nase weggeschnappt haben.

In der Anfangszeit der Online-Registrierung haben sich clevere Leute die Namen von bekannten Firmen und Produkten als Domainnamen reserviert und dann versucht, ihre Beute an die »rechtmäßigen« Namensträger zu inflationären Preisen zu verhökern. Diese Methode ist rechtlich umstritten. Vereinzelte Gerichtsurteile, wie etwa vom Landgericht Frankfurt, verbieten bereits solche krummen Geschäfte. Bekannte Namensträger wie »Virgin« und »Marks and Spencer« gehen sogar gemeinsam gegen Domain-Piraten vor, um auch im Web ihre Rechte zu schützen. Wie auch immer: Denken Sie sich einfach eine glaubwürdige Geschichte aus von einem »Freund«, der sich den Namen einer bekannten Firma reservierte und eine gigantische Ablösesumme dafür erhielt, daß er den Namen der besagten Firma überlassen hat. »Das wurde natürlich nicht an die große Glocke gehängt und die Firma hat diesen Deal natürlich dementiert ...«

Bookmarks

Wenn Sie meinen, daß eine Web-Site einen weiteren Besuch wert ist, dann kann Ihr Browser diese Adresse speichern und später auf einen Klick wieder abrufen. Dieser »Bookmark« erspart Ihnen für Ihren weiteren Besuch die Eintipperei der URL. Diese bequeme Hilfe erweist sich bei Web-Sites wie beispielsweise der Walisischen Touristeninformation als besonders nützlich: Sie lautet nämlich http://www.llanfairpwllgwyngyllgogerychwyrndrobwllllantysiliogogogoch.co.uk.

URL Endungen

Die »nationalen« Endungen – wie etwa .uk als Abkürzung für United Kingdom oder .de für Deutschland – zeigen Ihnen, in welchem Land der Rechner steht, dessen Angebot Sie gerade anwählen. Andere Buchstaben-Codes in E-Mail-Adressen oder URLs kennzeichnen hingegen den Typ des Empfängers: etwa ».mil« (Militär), ».org« (Organisation), ».gov« (staatliche Einrichtung) oder ».co« (kommerzielle Einrichtung). Jede Adresse, die mit einem ».co« oder ».edu« endet, ist kommerziell oder steht für eine Bildungseinrichtung in Amerika. Letztere muß mit ».edu« gekennzeichnet werden. Denn in den USA ist nicht gewährleistet, daß eine »Universität« vom Qualitätsanspruch her auch tatsächlich eine Bildungseinrichtung ist. Bekanntlich verbringt ein moderner amerikanischer Student die meiste Zeit damit, im Internet herumzusurfen, statt Vorlesungen zu besuchen.

Weil immer mehr Firmen und Unternehmen das Internet für sich entdeckt haben, gehen dem Internet die Namen aus. Die Regierungen von Turkmenistan und Tuvalu versuchen bereits, aus dieser Misere Gewinn zu schlagen: Sie wollen die Rechte an ihren Landeskennungen ».tm« und ».tv« meistbietend verkaufen. Fernsehanstalten und amerikanische und englische Firmen, die für ihre Handelsmarken (™= Trademark; entspricht unserem ®) im Web werben wollen, sind bereits mit Unterhändlern beider Länder in Verhandlung.

Auch der kleine pazifische Vorposten Niue mit der Länderkennung »nu« könnte seinen Staatshaushalt aufbessern – etwa durch Kunden aus dem freizügigen Gewerbe. Denn »nu« ist das französische Wort für »nackt«.

Denken Sie sich einfach eine unglaublich gute Geschichte aus, die sich um Länderkennungen dreht.

Eine ganze Reihe von neuen Endungen wurden bereits von einer US-Kommission vorgeschlagen, zum Beispiel ».info«, ».shop«, ».arts« und ».web«. Lange versprochen, aber zunächst verhindert durch europäische Bedenken, nämlich daß Amerika die alleinige Kontrolle und Vorherrschaft in diesen Bereichen übernehmen könnte. Sie jedenfalls können aus dieser Tatsache eine eigene Geschichte stricken – mit beliebigen Endungen Ihrer Wahl. Wie wäre es mit ».hai« für den ganzen Haufen von Werden-Sie-schnell-reich Junk-Mail-Angeboten?

Grafiken

Es gibt zwei Formate, um Bilder für die Wiedergabe im Web bereitzustellen. »GIFs« und »JPEGs«. Jeder betont das erste wie in »Gift«, JPEG wird »jay-peg« ausgesprochen. GIFs sind in der Regel ziemlich konturenscharf, eignen sich für farbreduzierte Bilder und sind entsprechend schnell geladen. Ideal für Bildüberschriften oder Grafiken. Das GIF-Format ist jedoch nicht unbedingt für eine schnelle und gute Wiedergabe von Fotos geeignet. JPEGs eignen sich gut für die Darstellung von detailreichen Fotos, können bei schlechter Bearbeitung aber einen verwischten Eindruck machen. Wenn Ihnen also jemand eine Grafik oder ein Bild auf einer Web-Site zeigt, macht die Frage »Ist das ein GIF oder JPEG?« immer einen intelligenten Eindruck.

»Animierte GIFs« sehen aus wie ein holpriger Comic-Film. Sie zu kritisieren ist ein Kinderspiel, denn sie sind meistens viel zu klein: »Es läßt sich schnell herunterladen, aber wer will sich schon ein Nonstop-Daumenkino im Format einer Briefmarke anschauen?« Oder sie sind viel zu groß: »Die Animation ist fließend und ruckfrei, aber wer will schon drei Minuten warten, bis man sie endlich betrachten kann?«

Sounds

Ein File, das Sie auf Ihrem Rechner abspielen und damit akustische Dinge wie Töne oder Klänge hören können, ist ein **soundbyte**. Oder soundbite, oder sound byte oder sound-bite: die Version, die Ihr Gesprächspartner benutzt, ist natürlich immer die falsche! Klären Sie ihn höflich auf: »Dieser Begriff stammt aus dem Griechischen/ Lateinischen/ Angelsächsischen, wissen Sie?« Und ergänzen Sie kompetent: »Der Bindestrich/ die Leerstelle ist notwendig/ nicht notwendig/ gefährlich wegen der Filenamen-Konventionen für UNIX-Server.«

Musik oder Sprache kann auf zwei Arten über das Internet abgespielt werden. Der erste Weg ist der konventionelle. Sie laden das Soundfile »stumm« herunter, speichern es auf Ihrem Rechner und spielen es von dort aus ab. Das Problem: Sie benötigen wesentlich mehr Zeit zum Herunterladen, als wenn Sie sich den Song direkt anhören. Stammt das Soundfile von der Site einer Popgruppe, kostet es wahrscheinlich wesentlich mehr Zeit den Song irgendwie abzuspielen, als ihn zu schreiben. Solche Files heißen ».WAV«-Files – man betont es so, wie es aussieht. Ein qualitativ noch besseres Format ist MPEG (»em-peg«). Hierfür müssen Sie ein sogenanntes »Add-on«-Programm irgendwo aus dem Internet auf ihren Rechner herunterladen.

Je nach Belieben können Sie fachsimpeln und sich für das ein oder andere Format einsetzen: »WAV-Files lassen sich auf allen PCs abspielen und so gut wie allen Macs. Aber niemand wird sich die neueste Version eines MPEG-Players herunterladen, nur um einem kleinen Soundfitzelchen zu lauschen.« Oder andersherum: »MPEG ist speichereffizient und um so viel schneller. Daher gibt es keine Entschuldigung, die neueste Version einzusetzen, nämlich ...«. Und hier kommt wieder Ihr Bluff-Trick: Fragen Sie, welche Version Ihr Gesprächspartner benutzt und zählen sie eins dazu!

Praktisch alle Musik-Files, die Sie im Internet hören, sind urheberrechtlich geschützt. Doch die Plattenfirmen dulden unautorisierte Versionen, denn das ist ja auch eine gute PR!

Video

Es ist auch möglich, Sound-und-Video-Samples herunterzuladen. Ähnlich wie beim Download von Sounds entsteht auch hier ein Problem zwischen Download-Zeit und effektivem Nutzen. Es kann Minuten dauern, um ein unscharfes, zittriges Video im Scheckkartenformat auf Ihren Rechner zu laden.

Wenn es ums Thema Web-Video geht, werfen Sie einfach beiläufig in die Unterhaltungsrunde ein, daß Sie auf eine neue Kompressionstechnologie warten, die Web-Sites revolutionieren soll. Davon habe Ihnen nämlich neulich zufällig ein guter Freund erzählt, der bei der NASA oder fürs FBI oder einen ähnlichen Arbeitgeber tätig ist. Und Sie seien natürlich zum Schweigen verdonnert und können daher leider keine weiteren Details preisgeben.

Wie Sie am Web-Sites Kritik üben:
So können Sie ganz gelassen jede Web Page miesmachen und Ihre Meinung mit einer der folgenden Begründungen rechtfertigen. Drei dieser Punkte treffen immer ins Schwarze:

1. Hier gibt es viel zu viele Grafiken, die im Grunde gar nichts aussagen und eine viel zu lange Ladezeit haben – ein Bild in Postkartengröße benötigt meist eine Minute, bis es geladen ist. In der gleichen Zeit hat man auch ein langes Kapitel in einem Buch gelesen.
2. Hier sind zu wenig Grafiken. Nur reiner Text, egal wie schnell er im Vergleich zu Bildern geladen ist, ist einfach langweilig und monoton. Und eigentlich lebt das Web doch gerade von der Möglichkeit, Bilder und Grafiken darzustellen.
3. Die Seiten sind viel zu lang. Alles, was über eine Bildschirmgröße hinausgeht, ist schwer zu lesen. Außerdem muß der Text dann umständlich gescrollt werden. Die Informationen sollten besser auf mehrere Seiten aufgeteilt werden.
4. Die Seiten sind viel zu kurz. Wenn man ständig auf irgendwelche Hot links klicken muß, geht ziemlich schnell der rote Faden verloren. Die Informationen sollten lieber auf wenigen, längeren Seiten gebündelt werden.
5. Die Site setzt voraus, daß der User sich »Plug-ins« herunterlädt, damit die Seiten mit den blinkenden Bildern überhaupt richtig funktionieren. Das ist eine Disqualifizierung des Angebots und entsprechend kritisch können Sie dazu anmerken: »Shockwave und

Flash haben einen nur mäßigen Effekt. Wobei es eine halbe Stunde dauert, bis man die Plug-Ins gefunden und heruntergeladen hat. Bis dahin hat der Besucher das Interesse an der Site verloren.«

6. Die Site braucht gar keine Plug-Ins. Auch das ist eine Disqualifizierung. Denn die Technologie sollte auch eingesetzt werden. »Ohne Shockwave und Flash wirkt eine Web-Site einfach flach und so wie eine auf den Bildschirm geklebte Broschüre. Bei der der Besucher natürlich das Interesse an der Site verliert.«

So überstehen Sie jede Kontroverse

Firmen und Unternehmen zeigen immer gerne, daß sie in Sachen Technologie ganz vorne mit dabei sind. Deshalb haben sie auch eine eigene Web-Site und blenden ihre Internet-Adresse in ihre Werbespots im Fernsehen ein oder schmücken Ihre Printanzeigen damit. Behalten Sie diese Vereinnahmung des Internet durch kommerzielle Anbieter genau im Auge und äußern Sie sich dazu positiv (»Die klassischen Internetprinzipien wie Offenheit, Anarchie, Ungezwungenheit und das kostenlose Verbreiten von Dingen erobern die Geschäftswelt«), oder negativ (»Die klassischen Geschäftsprinzipien wie Diskretion, Hierarchie und Sich-jeden-Handgriff-bezahlen-lassen verderben das Internet«).

ftp

File Transfer Protokoll. Wie der Name schon sagt, ermöglichen diese drei Buchstaben jedem Internet-User, sich ein File vom Rechner eines anderen Users zu besorgen. Wenn Sie beispielsweise einen eigenen Web-Server haben und Sie wollen eine Seite auswechseln, dann »ftp-en« sie diese vom Server, auf dem Ihre Site liegt, auf Ihren PC. Dort machen Sie die Änderungen und schieben oder »ftp-en« die neue Version wieder zurück auf den Server. Dieser Arbeitsgang verdeutlicht ein wichtiges Prinzip im Internet – nämlich daß man jede noch so dämliche Abkürzung in ein Verb verwandeln kann.

Online gehen

Der Einstieg ins Internet ist einfacher denn je. Moderne Computer haben meist schon ein eingebautes Modem und beigelegte Software, mit der Sie sich direkt ins Netz oder in einen Online-Dienst einwählen können.

Den Kauf von Internet-Software und von Handbüchern können Sie sich ersparen. Vor allem solche, die so grauenvolle Namen haben wie »Kwick and E-Z Internet«, »Made Simple« oder »für Dummies«. Je länger der Titel, desto dürftiger der Inhalt. Je mehr »Gänsefüßchen« im Titel, desto weniger Fakten werden Sie in diesem Buch finden.

Einwählen

Um von zu Hause aus ins Internet zu gelangen, benötigen Sie einen **Internet Service Provider (ISP)**. Dieser händigt Ihnen ein Verbindungsprogramm aus, eine Telefonnummer und ein Paßwort. Alles, was Sie sonst noch brauchen, ist ein Modem, das ihren Computer mit einer Telefonleitung verbindet. Dann müssen Sie Ihr Programm öffnen, die Nummer wählen und das Paßwort eingeben, schon sind Sie drin ... im Information-Superhighway.

Das ist allerdings nur reine Theorie. In der Praxis versprechen irgendwelche kostenlosen CDs, daß Sie »in wenigen Minuten online« sein werden. Und damit erliegen Sie einem Phänomen, das man »Des-Kaisers-neue-Kleider«-Syndrom nennt: Zwei Stunden hängen Sie noch auf der Paßwort-Ebene fest. Sie denken natürlich, es sei Ihre eigene Schuld und wagen es, Freunde um Hilfe zu bitten. Tun Sie's einfach! Denn jeder hat an dieser Stelle bereits die gleiche Erfahrung wie Sie gemacht.

Service Provider händigen Ihnen lieber ihre E-Mail-Adresse aus, als die Geschäftsanschrift oder die Telefonnummer. Das hat natürlich seinen Grund: Verärgerte und hilflose Neuzugänge, die mit dem Einloggen ins Netz nicht klarkommen, können sich nicht beschweren. Denn sie kommen natürlich auch noch nicht an ihr neues E-Mail-System heran.

Ihr Service Provider händigt Ihnen Ihre E-Mail-Adresse aus und erteilt Ihnen einen eigenen **Domain-Namen**. Das ist das kleine Stück hinter dem Klammeraffen (@) – und ein wichtiges Stück von Ihrer eigenen Site.

Immer mehr Firmen werden Service Provider. Beispielsweise der britische Supermarkt Tesco und die »Nationwide Building Society« haben sich mit ISPs wie Demon und Pipex zusammengetan. Durch diesen Wettbewerb sinken die monatlichen Gebühren für einen Netzzugang ständig. Einige Provider haben mittlerweile so günstige Tarife, die billiger sind als ein paar Drinks oder Bierchen in Ihrer Stammkneipe.

Allerdings wird es Sie Ihre Nerven kosten, bis Sie endlich schwerelos durch den Cyberspace surfen können: Zuerst müssen Sie eine sehr lange Nummernfolge tippen. Das ist Ihre ID-Nummer. Danach müssen Sie noch mal eine sehr lange Nummernfolge tippen. Das ist der Eintrag auf dem Zahlungsbeleg für Ihre Telefonrechnung. Glücklicherweise können Sie ja über das Internet bei Ihrer Online-Bankfiliale gleich einen Kredit erbitten, damit diese Rechnung auch beglichen wird. Wenn Sie diesen Versuch starten, müssen Sie jedoch mit einer dreistündigen Wartezeit rechnen, bis Sie auf den Server Ihrer Bank kommen. Denn die Leitungen sind alle blockiert, weil andere dasselbe vorhaben wie Sie.

Telefongebühren

Die Telefongebühren für das Internet sind die eines Ortsgesprächs, egal wo Ihr Service-Provider sich befindet. Für »Telefonverbindungen« – ob mit einer Newsgroup in Holland oder eine E-Mail-Sendung nach Japan – fällt lediglich der Ortstarif an. »Das ist auch der Grund, warum das Internet in Amerika so beliebt und weit verbreitet ist«, können Sie ganz fachmännisch referieren: »Dort sind alle Ortsgespräche kostenlos, wie Sie sicherlich wissen! Aber dafür ist die Sache an anderen Stellen teuer.« Es sei denn, man benutzt das Internet von seinem Arbeitsplatz aus, wie fast jeder andere auch.

Probleme mit der Verbindung

Ungefähr die Hälfte Ihrer Online-Zeit geht damit drauf, eine Verbindung zu der Adresse zu bekommen, die Sie angewählt haben. Der Server, den Sie angewählt haben, ist wahrscheinlich »down«, was soviel heißt wie »außer Betrieb«. Das kann verschiedene Ursachen haben: Der von Ihnen angewählte Rechner ist entweder abgestürzt oder vielleicht wegen Wartungsarbeiten heruntergefahren worden. Es könnte aber auch sein, daß zu viele Leute zur selben Zeit auf ihn zugreifen und er einfach überlastet ist. Das heißt in der Fachsprache »busy« und bedeutet das gleiche wie »außer Betrieb«. In einem solchen Fall haben Sie keine andere Wahl als zu warten oder es zu einem späteren Zeitpunkt noch einmal zu probieren, wenn die Leitungen weniger »verstopft« sind. Zu den folgenden Uhrzeiten sollten Sie möglichst nicht im Internet surfen:

a) Zu den normalen Bürozeiten in Deutschland. Weil die Gebühren für Telekommunikation hier extrem hoch sind, begnügen sich die meisten Leute mit ihrem Internetzugang am Arbeitsplatz. Hier beginnt der »virtuelle Berufsverkehr« ab acht Uhr vormittags und dauert ungefähr acht Stunden.
b) Am frühen Nachmittag in Europa. Denn da begeben sich die Studenten nach den Vorlesungen und Seminaren zum Online-Surfen ins Internet. Für ebenfalls acht Stunden ist das Netz dann von dieser Klientel bevölkert.
c) Am Abend und am frühen Morgen auf dem amerikanischen Kontinent, dem meistvernetzten Land der Welt.

Hier begeben sich die Leute meist von zu Hause aus ins Internet. Denn die Telefonkosten sind hier supergünstig. Aus diesem Teil der Erde wird das Netz durchschnittlich für weitere acht Stunden sehr stark frequentiert.

Wenn einer Ihrer Bekannten Schwierigkeiten damit hat, eine Internet-Site anzuwählen, können Sie ihm nun den kompetenten Rat geben, es doch einmal außerhalb der hier aufgezählten Zeiten zu probieren. Dieser Tip ist allerdings ohne Gewähr!

Das Internet richtig nutzen

Wenn User erst einmal einen Internetzugang installiert und zum Laufen gebracht haben, wollen sie natürlich auch wissen, was sie damit überhaupt machen können. Hier sind neun Informationsbereiche aus dem wirklichen Leben, jeweils mit einer kurzen Erläuterung, inwieweit das Internet in diesem Bereich tatsächlich von Nutzen sein kann. In jedem dieser Fälle tendiert diese Nutzenkurve gegen Null.

News

Das Internet ist ein sehr schnelles Medium. Daher ist es geradezu prädestiniert für aktuelle Informationen. Zum Beispiel für das Wetter. Tageszeitungen können nur das Wetter von gestern drucken. Im Internet können Sie verschiedene Seiten konsultieren, die Ihnen augenblicklich den aktuellsten Wetterzustandsbericht in Ihrer direkten Umgebung mitteilen können. Und wenn Sie aus dem Fenster schauen, können Sie überprüfen, ob dieser Bericht korrekt ist oder nicht. Andere Sites bieten Ihnen sogar Wetter »live« mit Hilfe von sogenannten Spy-Cams, kleinen Kameras, die irgendwo da draußen installiert sind: etwa in der Antarktis oder in der Wüste Gobi. Solche netten Dienste demonstrieren, was das Internet besser kann als jedes andere Medium: nämlich die Leute beeindrucken, die unterschiedlichsten Zielgruppen bedienen und auf die Sekunde pünktlich sein. All das bringt jedoch noch nicht unbedingt einen konkreten Nutzen.

Das Internet und die Printmedien

Das Internet stellt für Tageszeitungen und Fach- und Nachrichtenmagazine ein besonderes Problem dar. Sie können es sich nicht leisten, daß sich die Leser ihrer Printausgaben ihren Wissensdurst bei Internet-Angeboten der Konkurrenz stillen und dann irgendwann ganz zu dem anderen Printmedium abwandern. Deshalb müssen sie in ein eigenes Internetangebot investieren. Aber die technische Betreuung einer Site ist nicht billig.

Nicht nur das. Mit einem solchen Angebot läßt sich kein Verkaufsumsatz erzielen – allerhöchstens ein paar spärliche Einkünfte über Werbebanner. Insgesamt schmälert das also den Profit. Daher sind die Verleger gezwungen, den Kampf gegen sich selbst anzutreten. Das Problem der Printmedien ist daher – und das können Sie Ihrem Gesprächspartner glaubwürdig versichern –, daß das Internet das Internet in den Ruin treibt.

Online News Service-Anbieter

Unzählige Tageszeitungen, von international renommierten Blättern bis zu kleinen Lokalblättchen, haben Online-Ausgaben mit riesigen Archiven zum Stöbern. Viele große Web-Sites wie zum Beispiel BBC bieten aktuelle

News; sogar private Sites werden regelmäßig mit News gefüttert. Diese Headlines und News sind oft topaktuell, aber es fehlen ihnen die Details: »Erdbeben in Asien. Einige Tote«.

Ausführliche Reportagen eignen sich hingegen nicht für den Bildschirm. Die Web-Site von der BBC beispielsweise hält Tonaufnahmen und Video-Clips von Nachrichtensendungen bereit. Vergleichen Sie einfach die »Stop-and-go«-Bildchen in der Größe einer Streichholzschachtel mit der TV-Version und entscheiden Sie selbst.

Ebenso ist ein umfangreicher Bericht oder Nachrichtenteil mit Bildern viel leichter zu lesen und zu verdauen, wenn Sie eine »reale« Zeitung in den Händen halten, anstatt die kleingepreßte »virtuelle« Ausgabe zu entziffern. Echte Tageszeitungen bleiben irgendwo stecken, wenn Harald vom Technischen Service mal wieder anfängt, Pornos aus dem Netz herunterzuladen. Sie stürzt auch nicht ab, wenn Sie mal Kaffee drüber schütten. Und Sie können sicher sein, daß die Artikel sorgfältig recherchiert sind. Insbesondere dann, wenn sich die Journalisten großzügig aus dem Online-News-Archiv der *Frankfurter Allgemeinen* bedient haben.

Geld machen

Es gibt nur drei Wege, wie Sie Geld im Internet verdienen können:

1. Ein Service-Provider sein.
2. Online-Waren verkaufen.

3. Bücher darüber schreiben, wie man Geld im Internet machen kann.

Mit einem Online-Angebot ist noch niemand so richtig reich geworden. Mit Ausnahme einiger weniger spezieller Anbieter, beispielsweise aus dem Finanzdienstleistungsbereich oder Anbieter von RealVideo-Peepshows, hat noch niemand einen praktikablen Weg gefunden, um die Leute für den Besuch auf einer Site bezahlen zu lassen. »Die Leute erwarten, daß Web-Sites kostenlos sind«, können Sie kompetent behaupten.

Online-Waren zu verkaufen ist mittlerweile alltäglich. Das Procedere ist einfach: Sie wählen die Dinge aus, die Sie kaufen möchten. Dann tragen Sie Ihren Namen, Ihre Adresse und die Daten Ihrer Kreditkarte in ein Online-Formular ein. Diese Informationen werden zum Anbieter des virtuellen Shops geschickt und Ihre bestellten Waren postfertig eingetütet.

Aber es gibt einige Bedenken in Sachen Sicherheit: Irgendwo auf dem Weg von einem zum anderen der vielen Dutzend Computer, irgendwo zwischen Ihrem Arbeitszimmer und dem Server des Online-Shops, in dem Sie Ihre Ware gerade bestellen, können Informationen abgefangen werden.

Auf einer sogenannten »Secure Site« werden Ihre Kreditkartendaten in eine speziell verschlüsselte Botschaft verpackt. Diese Sicheren Seiten gelten als Hacker-sicher. Trotzdem können Sie jeden, der schon einmal eine Kreditkartentransaktion über das Internet getätigt hat, mit einer Horrorgeschichte aus der Fassung bringen. Egal ob »Sichere Site« oder nicht. Erfinden Sie einfach Geschichten von irgendwelchen Bekannten, die ein Jahr, nachdem sie einmal 'ne Pizza online geordert haben, plötzlich feststellten, daß von ihrer Karte ein teures Essen in Rio de Janeiro, immens hohe Hotelrechnungen aus Kalifornien und Abonnements von diversen deutschen Porno-Magazinen abgebucht wurden. Und als sich der mysteriöse Fall endlich aufgeklärt habe, sei die Pizza eingetroffen – halb vergammelt und kalt und mit den falschen Zutaten.

Wenn jemand das Wort E-Cash, Online-Währung oder Virtuelles Geld erwähnt oder was auch immer irgendein Journalist in der letzten Computerseite Ihrer Tageszeitung fabuliert hat, konstatieren Sie fachmännisch, daß solche Dinge einfach zum Scheitern verurteilt sind (»Ein gefundenes Fressen für Hacker, ... leichte Beute für Kredithaie, ... massenhaft Computerabstürze und Datenverluste, ... Schwarzer Freitag an der Wall Street« etc.).

Liebe im Internet

Zu Beginn der neunziger Jahre waren »E-Mail-Romanzen« ein weit verbreitetes Phänomen.

Nicht so direkt wie das Telefon, aber aufregender und spontaner als das Hin- und Herschicken von Briefchen, galt E-Mail als der ideale Weg, um eine Bürobekanntschaft in eine persönliche münden zu lassen. Wenn die Affäre beendet wird und man sich dann heftig streitet, geht es auf diesem Wege wesentlich diskreter zu. Und wenn Sie all Ihre E-Mails ganz gewissenhaft abgespeichert haben, besitzen Sie mit dieser Sammlung wunderbares Beweismaterial, wenn es darum geht, bei einer Scheidung schmutzige Wäsche zu waschen. Die Anmache via E-Mail ist mittlerweile so alltäglich, daß niemand mehr darüber pikiert ist, wenn Sie ihm erzählen, daß Sie Ihren neuen Partner durch einen **Hotchat** kennengelernt haben. Geben Sie Ihrer Geschichte deshalb einen neuen Dreh: »Natürlich haben wir uns über E-Mail kennengelernt. Wir haben festgestellt, daß wir so vieles gemeinsam haben, als wir uns beide entschlossen, es lieber doch nicht während einer beruflichen Online-Konferenz zu treiben.«

Ob delikat oder belanglos – zu fast jeder Gelegenheit können Sie betonen, daß Sie viel zu beschäftigt sind, um soziale Kontakte im Internet zu knüpfen. Nämlich aufgrund Ihrer zahlreichen sozialen Verpflichtungen.

Sex

Die am meisten abgefragten Seiten im Internet haben mit dem Wörtchen Sex zu tun. Das ist eine klassische Bebilderung des Sprichwortes: »Jene, die es können, tun es. Jene, die es nicht können, unterrichten. Die, die es weder tun noch unterrichten können, schreiben darüber Artikel im Internet.« Es gibt Newsgroups, Fotokataloge und praktische Anleitungen für jede Neigung und Vorstellung, für jeden Geschmack und jedes Bedürfnis sowie jede Menge Interessantes rund um Fetische. Der Inhalt dieser Seiten ist immer der gleiche. Um an ein solches Angebot zu gelangen, müssen Sie erst einmal ewig warten. Und wenn Sie es endlich geschafft haben, ist der

Inhalt enttäuschend und extrem kurz. Na ja, Sie wissen schon. Halt wie im wirklichen Leben, wenn es um diese Dinge geht...

Sexstorys sollten am besten vermieden werden. Denn was auch immer Sie an Bizarrem oder »Perversem« in einer Newsgroup gelesen oder auf einer pornographischen Site gesehen haben mögen – es gibt immer jemanden, der eine noch »heißere« Geschichte auf Lager hat. Aber vielleicht gehören Sie ja auch zur vierten Kategorie: »Die, die noch nicht einmal Artikel ›darüber‹ im Internet schreiben können, lesen eben die von anderen Leuten.«

Im Gegensatz zu anderen Bereichen im Internet finden sich in Newsgroups zum Thema Sex anscheinend eine Menge hemmungsloser Frauen, die gerne intime E-Mail-Korrespondenz mit geilen Männern pflegen. Wie auch immer, im Internet ist es unmöglich, das tatsächliche Geschlecht seines Gesprächspartners festzustellen. Unter ihnen gibt es nämlich viele »Gender-Blender« – Leute, die sich hinter einem anderen Geschlecht verstecken. Je fraulicher sich jemand im Netz aufführt, desto eher steckt in Wirklichkeit ein Mann dahinter.

Freunde gewinnen

Durch das Internet ist eine neue Art des sozialen Miteinanders entstanden. Sie können Leute mit gleichen Interessen treffen, zum Beispiel in Newsgroups. Vielleicht lernen Sie auch interessante Leute über deren Homepages kennen, auf die Sie zufällig gestoßen sind. Irgendwann unterhalten Sie dann Briefkontakte via E-Mail, und auf einmal haben Sie neue Freunde, rund um die ganze Welt. Allerdings mit einem kleinen Fehler: Sie werden Sie nie persönlich treffen. Andererseits wollen Sie doch bestimmt nicht im Ernst mit einem Internet-User Bekanntschaft schließen, der Sie als Freund haben möchte!

Homepages besuchen

Wenn Sie sich auf einer sogenannten Homepage befinden, also einer ganz privaten Web-Site von jemandem, dann ist das wie ein Besuch zu Hause in dessen Wohnzimmer. Es ist meist ein bißchen unordentlich, wenig gepflegt und vollgestopft mit Sachen, die für andere Leute keine Bedeutung haben: Beispielsweise ausgeblichene Urlaubsfotos. All das hält jährlich Millionen von Menschen nicht davon ab, ihre eigenen privaten Seiten ins Netz zu stellen. Obwohl keiner von diesen Leuten je im Traum daran denken würde, sich wildfremde Menschen in seine Wohnung einzuladen.

Am besten, Sie ignorieren Homepages einfach; sie sind noch nicht einmal den Schwindel wert, wenn Sie schamlos vorgeben, bereits eine solche Site besucht zu haben. Genausowenig sollten Sie behaupten, selbst eine zu besitzen. Es ist möglich, bei einem Service-Provider Speicherplatz anzumieten, auf der die Homepage dann abgelegt wird. Die meisten Leute, darunter vor allem Studenten, »leihen« sich diesen Platz auf ihrem Universitäts-Server. Den Betreuern des Servers macht das »ausgeliehene« Stückchen Speicher nichts aus. Denn auf einer solchen Kiste ist massenhaft Platz. Und meist können sie auch gar nicht genug »Füllmaterial« finden. Das ist so ähnlich wie bei den Homepages.

Homepages sprießen wie Pilze aus dem Boden und werden ein paar Monate lang mit großer Hingabe gepflegt: Zum Beispiel mit einer Liste der bekanntesten Songs von REM oder mit anderem sinnlosem persönlichem trivialem Zeug, das jede Woche upgedatet wird. Wenn der Inhaber dann die Uni verläßt und den kostenlosen Platz verliert, oder eine Freundin findet, den Job wechselt, oder der Frühling kommt, hat er meist keine Zeit mehr für sein Hobby. Die Pages verkümmern dann und dämmern im Cyberspace vor sich hin. Wie ein Behälter mit Zeitdokumenten, der bei einer Grundsteinlegung eingemauert wird.

Eine typische Homepage enthält:

a) zu viele Bilder, die lediglich den Besitzer zeigen,
b) eine knappe Selbstbeschreibung (»Hi! Ich bin Scott! Ich studiere an der Dementia-Universität in North Carolina. Ich mag Pizza (klick hier 'drauf, dann siehst du meine Lieblingssorte) und Rockmusik. Nach der Uni will ich als Programmierer arbeiten. Ich hoffe, Du magst meine Seiten. Klick hier, um mir 'ne E-Mail zu schicken. Scott ;-)«)
c) Lange Link-Listen mit irgendwelchen unbedeutenden Web-Sites. Die einzige, die tatsächlich funktioniert, ist natürlich die langweiligste (»Hier ist die Homepage von meinem Freund Todd, mit tollen Listen von seinen Lieblingssongs...«).

d) Ein paar wenige Seiten, die sich um die Hobbys und Interessen des Inhabers drehen. Sie sind meist unvollständig und mit dem Schildchen »Bauarbeiten« versehen (»Bald zu sehen: Eine vollständige Liste aller Pizzerien in North Carolina. Leider ist diese Seite gerade in Bearbeitung, aber schau doch solange hier. Da siehst Du meine Lieblings-Pizza...«).

Derartige Hobbys und Interessen reichen von einer rührenden Heldenverehrung von Popstars bis zu seltsam beschrifteten Listen mit ihren sexuellen Vorlieben. Bei letzterem werden Sie wahrscheinlich froh sein, daß ein solcher Homepage-Besitzer Sie niemals zu sich nach Hause einladen würde.

Shopping

Das Internet verändert die Art, wie wir einkaufen. Nie mehr abgehetzt nach Hause kommen nach einem stressigen Marathonlauf durch Geschäfte und Supermärkte kurz vor Ladenschluß! Ein völlig neues Kaufverhalten ist zu beobachten. Die Leute begeben sich neuerdings auf einen stressigen Marathonlauf von Laden zu Laden. Und bevor sie nach Hause eilen, hetzen sie durch weitere Läden und Discounter, um einen möglichst günstigen Computer zu erstehen, mit dem sie durchs Internet surfen können. Das virtuelle »Mega-Einkaufserlebnis« wurde uns schon vor einiger Zeit versprochen. Aber wir sind kaum einen Schritt näher an virtuellen Supermärkten, wo man prall gefüllte Regale in 3-D-Ansicht vor sich auf dem Bildschirm sieht und mit einem Mausklick das Gewünschte auswählt, und wo man einen kleinen Einkaufswagen hat, in dem sich Ihre Einkäufe anhäufen, die Sie zum Schluß durch Angabe Ihrer Kreditkartennummer bezahlen. Natürlich können Sie behaupten, daß sie schon mal virtuell eingekauft haben – »in Amerika«. Schmücken Sie Ihren Bericht mit etwas, daß schiefgelaufen ist: »Ich habe einen Bollinger Champagner, frische Erdbeeren und ein wenig Belugakaviar bestellt. Um die Köstlichkeiten dann abzuholen, mußte ich aufs Postamt fahren. Das Postamt befindet sich übrigens direkt neben dem Feinkostladen. Als ich dann endlich nach Hause kam und mein heißersehntes Gourmet-Paket aufgemacht habe, traf mich der Schlag: Da haben die mir doch glatt zwölf Dosen Cola, ein Päckchen Tortilla Chips und einen Schokoriegel eingepackt.«

Vergessen Sie den täglichen Einkauf! Die einzigen Bereiche, in denen sich ein Online-Kauf wirklich lohnt, sind international ausgerichtete Nischen-Märkte: »Es gibt wirklich interessante Sites, auf denen Raritäten klassischer Musik auf CD, bereits vergriffene Kunstbücher, ausgesuchte Weine, exklusive Urlaubsarrangements oder andere ungewöhnliche Dinge angeboten werden. Selten jedoch Verkaufsschlager für den Massenmarkt...« Diese wohldurchdachten Worte werden Ihnen ergebene Bewunderer bescheren und Ihnen eine Aura von Kultiviertheit verleihen – ohne daß es Sie auch nur einen Penny kostet.

Die Leute erwähnen gerne das erfolgreiche Beispiel von Amazon, dem Online-Buchladen. Es wurden viele Behauptungen über diese Firma aufgestellt, die Sie spielend in Frage stellen können. Denn es existiert gar keine reale Amazon-Buchhandlung, in der sich Dinge auf ihren Wahrheitsgehalt hin überprüfen ließen. »Der größte Buchladen der Welt, wissen Sie« ... »Ja, aber sie machen weniger Gewinn ...«, »Ja, aber sie peilen einen Umsatz von 3 Milliarden US-Dollar im Jahr 2006 an«.

Spezialisieren Sie sich auf Gespräche über erfundene, hochwertige Web-Site-Nischen. Wenn Sie gezwungen sein sollten, die URL preiszugeben, behaupten Sie einfach, der betreffende Anbieter sei kürzlich aus dem Online-Business ausgestiegen – aufgrund von rückläufigen Geschäften und zu vielen Kreditkartenbetrügereien. Jeder wird es Ihnen glauben.

Nachschlagewerke

Im allgemeinen wird angenommen, daß wir bis zum Jahr 2006 keine Lexika mehr haben werden: Wir werden alles einfach im Internet »nachschlagen«. Das ist natürlich absoluter Schwachsinn. Sie wissen sicherlich aus eigener Erfahrung, daß die Realität ganz anders aussieht. Tatsache ist zwar, daß das Internet dem Buchmarkt wahre Wunder beschert hat, nämlich Tausende von neuen Büchern, die den Leuten erklären, wie das Internet funktioniert. Da draußen im Internet sind unzählige Mengen von Informationen – literarisch mehr oder weniger wertvoll. Billionen von Seiten – alle einfach und schnell abrufbar. Aber darunter befinden sich in der Regel nicht die Informationen, die Sie eigentlich suchen.

Stellen Sie sich einmal vor, Sie wollten eine einfache Information heraussuchen – zum Beispiel die Daten des

Dreißigjährigen Krieges. Dazu müssen Sie lediglich eine Web-Site anwählen, die »Suchmaschine« genannt wird. Sie werden »Maschinen« genannt, weil ihre Hauptaufgabe darin besteht, Ihre gewünschten Ziele hinter großen Nebelwänden zu verbergen. Sie starten einfach eine Suche mit den Worten »Krieg« und »Dreißig Jahre«. Und ein paar Minuten später erscheint auf Ihrem Bildschirm eine Liste, die Tausende von Sucheinträgen enthält. Sie sind nur einen Mausklick entfernt von den Plänen aus dem Pentagon für einen dritten Weltkrieg, einer französischen Newsgroup für Hobbyastrologen, einem Katalog mit dreißig Sonderangeboten eines australischen Duschkabinen-Herstellers sowie der Homepage eines Geburtstagsparty-Veranstalters in Berlin. Es wurde jede nur erdenkliche Variation der Worte zusammengetragen, die Sie zur Suche eingegeben haben. In der Zeit, die Sie benötigten, um Ihren Computer einzuschalten, die Verbindung zum Internet herzustellen, sich auf der Suchmaschine einzuwählen und die Ergebnisse zu sichten, hätte Ihnen ein herkömmliches Lexikon schon längst die gewünschte Antwort geliefert. Aber so hätten Sie auch nie den Rest der ahnungslosen Welt über die geheimen Pläne für einen dritten Weltkrieg aufklären können.

Einen Vorteil gibt es aber. Amazon offeriert Ihnen auch eine Bücherliste über den Dreißigjährigen Krieg. Diese Bücher können Sie direkt online bestellen – und innerhalb weniger Tage, wenn Ihnen das gewünschte Buch per Post ins Haus geliefert wird – können Sie die fehlenden Daten nachschlagen. Das wird der schnellere Weg sein, als nach der entsprechenden Web-Site zu suchen.

Musik
Das Internet ist rasant schnell – allerdings ohne zu wissen, wo es langgeht. Das Netz steckt voller Ideen von irgendwelchen Leuten; und es enthält so manche tiefsinnigen Worte, die aber nie zu einem sinnvollen Satz geformt werden. Das ist der ideale Boden für Rock- & Pop-Musik! Jede Band – angefangen von international bekannten Platten-Millionären bis zu hoffnungsfrohen Straßenmusikern – hat eine Homepage im Web. Sie können ihre Songs ausdrucken, ihre Bilder anschauen und Auszüge aus ihrem neuesten Album anhören. Je bekannter eine Band ist, desto mehr Besucher hat ihre Site. Je mehr Besucher auf diese Site zugreifen, desto wahrscheinlicher ist es, daß Sie die Site gar nicht zu sehen bekommen. Oder wenn Sie es doch schaffen sollten, bricht die Verbindung während der Übertragung eines Songs einfach zusammen. Wenn die Songs nichts weiter als banalen Quatsch enthalten, die Bilder verschwommen und die Farben einfach schrecklich aussehen, die Musik-Files aus bloßem Lärm bestehen, dann kommt die Information offensichtlich bestens rüber.

Telearbeit
Die vieldiskutierte und immer wieder angekündigte Revolution durch die Telearbeit wird es nicht geben. Da können Sie sicher sein; auch wenn irgendwelche Zeitungen oder Fachmagazine das Gegenteil behaupten! In diesen Artikeln steht, daß wir alle schon sehr bald an unseren eigenen Rechnern in unseren netten kleinen

Häuschen irgendwo auf dem Lande arbeiten werden. Das sind jedoch nur die Wunschgedanken von irgendwelchen Journalisten, die irgendwo in einem winzigen Büro im 40. Stock irgendeines Verlagshochhauses ihr Schreiberdasein fristen. Jeder, der behauptet, daß Teleworking »im Anmarsch« ist, kann ganz einfach aufgehalten werden: Fragen Sie diesen Menschen nach einer real existierenden Person, die diese Arbeitsform tatsächlich praktiziert. Das ganze ist ein Mythos, können Sie getrost behaupten (»Befürworter versäumen, den sozialen Aspekt der Arbeit zu erwähnen..., die Dynamik eines Team ist für den Arbeitsprozeß einfach notwendig... Telearbeit ist sowieso viel zu langweilig...«).

Das Internet hat jedoch mehr zu bieten als nur E-Mail. Aus geschäftlicher Sicht können zum Beispiel Einsparungen vorgenommen werden. Die Idee dabei ist, daß durch einen Internetzugang administrative Aufgaben eingespart werden, wodurch eine Firma effektiver arbeiten kann. Wie auch immer: Ein Internet-Anschluß schafft mindestens zwei neue Arbeitsplätze. Für jemanden, der auf einer Vollzeitstelle dafür sorgt, daß das Netzwerk und die Verbindung ins Internet am Laufen bleibt, und jemanden, der die Webseiten regelmäßig mit Neuigkeiten versorgt. Diese zusätzlichen Ausgaben wiederum schmälern den Gewinn des Unternehmens.

Video-Konferenzen

Dies wird sich schon bald etabliert haben. Auch wenn es anfangs vielleicht noch etwas holprig und unnatürlich sein wird. Auf Ihrem Bildschirm erscheinen lauter kleine Fensterchen. Jedes zeigt die Live-Aufnahme eines Kollegen oder Geschäftspartners in seinem Büro irgendwo auf der Welt. Das Bildchen zuckt alle paar Sekunden und läßt den Teilnehmer auch sprechen. Der Computer wird zum multipersonalen Videophone, er vergegenwärtigt aber auch zugleich die deprimierende Feststellung, daß alle Büros gleich aussehen. Egal ob sie sich in Rom, New York oder Tokio befinden. Das Sparpotential durch eine Video-Konferenz ist enorm. Untersuchungen haben gezeigt, daß bei einem Busineß-Meeting außerhalb der Firma rund drei Viertel der Zeit für die Hin- und Rückreise verschwendet wird. Diese Zeit kann durch Video-Conferencing eingespart werden. Weitergehende Untersuchungen zeigen, daß das restliche Viertel, das für das eigentliche Meeting übrigbleibt, ebenso verschwendet wird. Denn die Leute plaudern nur einfach miteinander. Die Firmen könnten Millionen einsparen, wenn sie die Spielerei mit der Video-Konferenz einfach vergessen und ihren Blick wieder zurück auf E-Mailing richten.

Daten zentralisieren

Im Busineß-Bereich können weitere große Fortschritte durch das Internet verwirklicht werden. Zum Beispiel gibt es Informationen, die regelmäßig erneuert und zugleich auch weiterverteilt werden müssen, wie zum Beispiel Produktkataloge oder Lagerbestände. Diese Daten können auf einem Zentralrechner abgelegt werden. In diesen Computer können sich auch die Mitarbeiter der verschiedenen Filialen einwählen. So ist es möglich, den aktuellen Warenbestand jederzeit zu überprüfen und das Material läuft nicht Gefahr, zu veralten.

Eine solche Web-Site, die ausschließlich für Firmenmitarbeiter zugänglich ist, heißt »Intranet«. Eine Site, die auch außerhalb der Firma zur Verfügung steht – etwa ein Warenkatalog für Kunden – wird als »Extranet« bezeichnet. Manager lieben diese Schlagworte, denn sie werden meist in einem Atemzug mit den Begriffen »Effizienz«, »Einsparungen« und »Entlassungen« genannt. Sie können jedes Busineß-Problem lässig vom Tisch fegen, indem Sie behaupten, daß Ihre Firma »ein Intranet/Extranet entwickelt, um das Problem in den Griff zu bekommen«. Keiner wird verstehen, von was Sie da eigentlich reden und deshalb wird man von Ihrem Plan höchst beeindruckt sein.

Anzeigen

Eine Internet-Site kostet eine Firma richtig Geld. Einerlei wie wichtig diese Site ist – das Geld, das man hineinsteckt, kommt nicht mehr zurück. Und es gibt keinen praktikablen Weg, »Eintritt« zu verlangen. Daher hoffen viele Firmen, daß sich Werbung im Internet etabliert und alles finanziert. Immer mehr Firmen ergänzen eine URL in ihren TV-Werbespots oder in Printanzeigen. Doch das Problem dieser Strategie liegt auf der Hand: »Niemand merkt sich eine solche URL, um sie dann anzuwählen, fünf Minuten zu warten, bis irgendwelche schicken Grafiken geladen sind und man die gleiche Werbung sieht wie im Fernsehen.« Merken Sie sich diese schlaue Schlußfolgerung für die nächste Intellektuellen-Debatte auf einer Party.

Wenden wir uns nun den beiden anderen Möglichkeiten zu, die einer kommerziellen Site noch bleiben: Entweder müssen Anzeigen interessant und irgendwie nützlich gemacht werden – dazu noch irgendein nettes Werbegeschenk obenauf gepackt. Das alles zusammen ist aber zu teuer. Oder die Unternehmen veröffentlichen ihre Anzeigen als Teil einer anderen Web-Site, die gut besucht wird. In diesem Fall ärgern sie lediglich die Besucher dieser »Wirts«-Site. Der zweite Weg ist natürlich der Weg, den Werbeagenturen und Firmen meistens wählen: nämlich die Alternative, die den Konsumenten am meisten nervt.

Marktforschung

Das Internet ist ein Traum für Marketing-Leute. Es eröffnet einen riesigen, weltweiten und florierenden Markt, der sofort und jederzeit zugänglich ist. Ein Markt, der auch gut beobachtet werden kann. Wenn eine Site angewählt wurde, kann der jeweilige Server, auf dem das Angebot »liegt«, erkennen, welcher Rechner das Angebot angewählt hat und zu welcher Zeit. Auch wie lange jemand auf einer einzelnen Seite verweilt und welche Seiten er betrachtet hat, kann erfaßt werden.

Wenn eine Site die Besucher dazu auffordert, sich zu registrieren, können sogar noch mehr Einzelheiten erfaßt und ausgewertet werden. Wenn Sie eine solche Site zum erstenmal besuchen, müssen Sie eine Art »Steckbrief« ausfüllen: Sie tragen Ihren Namen ein, denken sich ein Paßwort aus und werden gebeten, Informationen über Ihr Alter, Ihren Beruf, Ihr Gehalt und die Länge Ihrer Fingernägel zu hinterlassen. Haben Sie dies getan, können Sie die Site endlich betreten, wenn Sie Ihr Paßwort eingegeben haben. Oder erzeugen Sie einfach ein »Lesezeichen« – in der Fachsprache »Bookmark« genannt.

Marketing-Leute liefern ihren Kunden unerhört genaue Details. Sie können eine exakt auf das Internet-Publikum abgestimmte Anzeige für eine Site entwickeln. Aber die ignoriert sowieso jeder. Denn alles, was die Besucher jener Site sehen wollen, sind die neuesten Ergebnisse der Fußball-Bundesliga, Bilder ihres Lieblingsstars und nicht irgendeine Anzeige für Bier.

Wenn man sich für eine Site registrieren muß, konstatieren Sie einfach, daß das eine unkluge Sache ist: So vergrault man Leute, denn solche Sites sind zu aufdringlich und kommerziell. Und sie haben überhaupt nichts mehr mit der ursprünglichen Idee des Internet gemein.

Wenn für eine Site keine Registrierung nötig ist, konstatieren Sie, daß das eine unkluge Sache ist: Denn dieses Angebot ist offensichtlich noch für Uralt-Browser programmiert und damit einfach langweilig. Denn Shopping kann man mit dieser Steinzeit-Site auch nicht machen. Viel zu amateurhaft! Seriöse Seiten, auf denen man wenigstens auch irgend etwas kaufen kann, sind wesentlich fortschrittlicher.

Smileys

Ein Blick auf praktisch jede E-Mail, vor allem aus Amerika, offenbart merkwürdige Kombinationen von Kommas, Klammern, Doppelpunkten und so weiter. Sie tauchen am Ende einer Mail auf. Das bekannteste ist dieses hier :-)

All diese Zeichen werden **Smileys** genannt (oder auch »Emoticons«). Denn die Grundkombination – wenn man sie wie von der Seite betrachtet – ähnelt dem berühmten Smiley-Gesicht aus den siebziger Jahren. Viele verschiedene Gesichter sind bereits entworfen worden. Die bekanntesten finden Sie hier in der Liste. Weil Sie aus einer E-Mail ja bekanntlich nicht heraushören können, wie Ihr Gegenüber gerade so drauf ist, übernehmen Smileys als kleine »Stimmungs-Botschafter« diese Funktion. In Amerika wurden bereits mehrere Bücher veröffentlicht, die nur Auflistungen von Smileys enthalten.

Verunglimpfen Sie einfach alle Smileys. Sie könnten zum Beispiel anmerken, daß diese kleinen Dinger ein armseliger Ersatz dafür sind, wenn jemand unfähig ist, die passenden Worte zu finden, um seine Stimmung auszudrücken. So wie es eben gewandte Briefeschreiber tun würden, die ja leider durch E-Mail langsam aussterben.

Wenn Sie einmal demonstrieren wollen, daß die Kunst des Korrespondierens noch nicht ganz vor die Hunde gegangen ist, Sie bei diesem Versuch aber auch nicht gleich Ihr ganzes Gehalt für die Benimm-Kasse opfern wollen, behaupten Sie einfach, daß Ihnen gerade jemand einen handgeschriebenen Zettel mit furchtbar schrecklichen Grinsgesichtern zugesteckt hat.

Smileys können auch zu Fehlinterpretationen verleiten. Wenn Sie zum Beispiel anmerken: »Die Seiten waren genauso interessant, wie ich hoffte«, könnte der Empfänger glauben, daß dieser ironische Kommentar als Kompliment gemeint war.

Die folgende Liste sollten Sie natürlich nicht für Ihre eigenen E-Mails verwenden. Sie ist lediglich dafür gedacht, daß Sie Leute damit zur Weißglut treiben können. Diese werden sagen: »Und dann hat er unter seine Mail DIESES Zeichen gesetzt. Ich habe eine halbe Stunde gebraucht, um herauszufinden, was das bedeutet.« In einem solchen Fall malen Sie Ihr kryptisches Symbol einfach auf eine Tischdecke oder einen Bierdeckel oder auf was auch immer. Auf diesem Wege kommen Sie zu mehreren Dutzend begierigen E-Mail-Fans. ?$:-/*

Einfache Smileys

:–)	happy
;–)	augenzwinkernd
:–(	unglücklich
‹;-›	teuflisches Zwinkern

Obskure Smileys

(–:	Linkshändiger Australier
:–O	Schreien
%–(	Zu lange auf den Bildschirm gestarrt
[:–)	Trage gerade Kopfhörer
B–)	Brillenträger
B:–)	Trage die Brille auf dem Kopf
R–)	Die Brille ist zerbrochen
:‹)	Einer aus der besseren Gesellschaft
:‹)8	Einer aus der besseren Gesellschaft hat sich zum Dinner feingemacht
:‹)&	Einer aus der besseren Gesellschaft hat sich nach dem Dinner vollaufen lassen
O–)	Taucher
‹:–(	Bescheuert
d:–)	Trage eine Baseball-Kappe
q:–)	Trage eine Baseball-Kappe rückwärts
O:–)	Perfekt
:–?	Pfeifenraucher
{:–)	Toupet-Träger
}:–(	Toupet sitzt verkehrt auf dem Kopf
?$:-/*	Eigentlich ohne tieferen Sinn, denken Sie sich einfach was aus!

Leute

*‹–)	Nikolaus
*:O)	Bozo der Clown
:8)	Schweinchen Dick
5:–)	Elvis Presley
=):–)	Uncle Sam
»->-(	König Harald, 1066

#:O+=	Betty Boop
:-§	Sir Edward Elgar
@%-(	Dmitri Schostakowitsch
:W)	Cyrano de Bergerac
)	Cheshire Cat

Internet Typen

Jeder hat schon mal von »Netsurfern« gehört. Sie sind jedoch nur eine von insgesamt fünf Gruppen von Typen, die sich im Internet herumtreiben: Surfer, Nichtschwimmer, Taucher, Wasserratten und Haie. So können Sie sie erkennen:

Surfer

Netz-Aktivitäten

Sie streifen die ganze Zeit ziellos auf der Oberfläche des Internet herum, um dabei etwas Interessantes zu erspähen. Für diese Art der Zeitverschwendung haben sie die vielfältigsten Beschreibungen parat: Sie surfen durchs Netz, sie hängen im Cyberspace ab oder sie düsen über die Infobahn. Auf ihren Homepages finden sich meist lange Listen mit interessanten Sites, die sie gesichtet haben und an deren Besitzer sie E-Mails geschickt haben. »Hey, habe gerade Deine Web Site gecheckt. Echt cool, Mann! Schau' doch mal auf meiner Homepage vorbei, die Adresse steht ganz unten! Grüße von Todd .-)«, lautet die begeisterte Message. Einen regelmäßigen

Link-Check, um seine Sammlung up-to-date zu halten, macht der Surfer allerdings nicht.

Erkennungszeichen
Grenzenloser Enthusiasmus für das Internet. Auf seiner Homepage befinden sich Hunderte wahllos aufgelisteter Links, die schon seit drei Jahren nicht mehr existieren. »Individuelle« Domainnamen wie Cyberpunk, Todd oder Nethead.

Anlegestellen im Internet
Jede Homepage, früher oder später. Bizarre Sites, die Besucher informieren, wie viele Cola-Dosen an diesem Tag auf dem Campus der El Paso Universität verkauft wurden; alles, was unter der Rubrik »What's cool« irgendwo aufgelistet ist.

So vermeiden Sie, daß dieser Typ Sie mit E-Mails belästigt
Erzählen Sie ihm von dieser supertollen neuen Site, die Sie entdeckt haben, und geben Sie ihm die Adresse von einer absolut unnützen Homepage, auf der zum Beispiel minütlich Meßdaten der Windstärke auf dem Gipfel des Mount McKinley veröffentlicht werden. Sie werden in diese Richtung surfen, werden dann abgelenkt von anderen Links, die auf dieses Angebot verweisen, und werden nie mehr zürückkommen.

Nichtschwimmer

Netz-Aktivitäten

Nichtschwimmer planschen hoffnungsfroh herum und strecken höchstens mal den großen Fußzeh ins Wasser. Sie wagen auch mit Schwimmflügeln nie den Sprung, halten sich aber trotzdem für begnadete Schwimmer. Ihre Homepages sind vollgestopft mit verlockenden Links, wie etwa »Hier ist eine nette Liste von Adressen, wo man Freikarten für große Rockkonzerte bekommen kann« oder »Hier sind ein paar Video-Clips von Madonna«. Aber wenn Sie dann auf einen dieser Links klicken, erscheint die Mitteilung »Sorry, diese Site ist leider noch eine Baustelle«. Nichtschwimmer schicken Ihnen E-Mails mit folgendem Inhalt: »Ich finde Deine Liste mit Sehenswürdigkeiten in Nordfriesland große Klasse. Vielleicht könntest Du ja noch ein paar Sound-Clips ergänzen und ein interaktives Reservierungssystem für die dortigen Heimatmuseen und einen Online-Zeitplan für die Gezeiten.«

Erkennungszeichen

Die Homepages von Nichtschwimmern haben wenig Inhalt, nur verheißungsvolle Rubriken mit irgendwelchen versprochenen Möglichkeiten. Der unerschütterliche Glaube, daß das Internet alle gesellschaftlichen Probleme lösen wird. Bücherregale, in denen sich »How to«-Bücher und -Magazine über das Internet stapeln und die ein Nichtschwimmer lesen will – wenn er überhaupt jemals mit dem Aufbau seiner Homepages fertig wird.

Anlegestellen im Internet
Jeden Tag eine andere Newsgroup, in der bereits ein einziger Beitrag eines Nichtschwimmers eine bissige Auseinandersetzung provoziert, die er allerdings nie zu Gesicht bekommt, weil er schon irgendwo anders planscht. Alles, was unter der Rubrik »What's new« irgendwo aufgelistet ist.

So vermeiden Sie, daß dieser Typ Sie mit E-Mails belästigt
Erzählen Sie einem Nichtschwimmer, Sie hätten gehört, daß gerade ein Beta-Test von Netscape auf einer streng geheimen Java Site irgendwo in Amerika läuft – mit völlig futuristischen und frei erfundenen Möglichkeiten, wie zum Beispiel mit dreidimensionalem Farbvideo, einer Spracheingabe mit Echtzeit-Simultandolmetscher in 286 Sprachen. Der Nichtschwimmer wird sich unverzüglich auf die Suche nach der verheißungsvollen Site machen und nie mehr zurückkommen.

Taucher
Netz-Aktivitäten
Taucher sind wie besessen von dem Wunsch, Dingen auf den Grund zu gehen: Sie sind die Internet-Ausgabe von Computer-Hackern. Sie verbringen Stunden auf den Web-Sites anderer Leute. Der Inhalt der Seiten ist für Taucher uninteressant, sie erforschen den Source-Code und wie die pfiffigen Animationen programmiert wurden. Erhalten Sie von dieser Spezies E-Mails, werden Sie

garantiert ausgefragt, welche Hardware, Software und Techniken Sie einsetzen. Dann bekommen Sie noch Link-Empfehlungen zu pornographischen Sites.

Erkennungszeichen

Ihre Sites sind erstaunlich clever gemacht: Der Besucher muß ein paar Informationen in ein interaktives Online-Formular eingeben, einige Punkte auf einer anatomischen Abbildung des menschlichen Körpers anklicken, und schon verwandeln sich diese Stellen der Site in pornographische Animationen. Leider besucht niemand diese Sites – außer ein paar anderen Tauchern, die herausfinden wollen, wie die Seiten programmiert sind.

Anlegestellen im Internet

Alle Internetseiten über das Internet; Newsgroups, die alt-Punkt-sex-Punkt-Irgendwas heißen.

So vermeiden Sie, daß dieser Typ Sie mit E-Mails belästigt

Erzählen Sie ihm von einer genialen interaktiven Hardcore Pornovideo-Site in Holland, die zensiert wurde. Clevere Hacker hätten sich jedoch Zugang verschafft, nämlich durch eine Perl Script Routine, die wiederum auf einem deutschsprachigen Server in Japan versteckt ist. Taucher werden sich sofort mit Feuereifer auf die Suche machen, sich irgendwo im Cyberspace verirren und nie mehr zurückkommen.

Wasserratten

Netz-Aktivitäten

Wasserratten spritzen gerne andere Schwimmer naß. Sie sind rücksichtslos und bereiten meist Schwierigkeiten. Ihre Hauptaktivität besteht darin, in Newsgroups rüde und boshafte Nachrichten in Großbuchstaben zu verteilen. Anschließend ergötzen sie sich an den heftigen Debatten, die sie durch ihre Postings provoziert haben. Außerdem sucht diese Spezies im Internet mit Vorliebe nach Grafiken und anderen netten Dingen, die sie klauen kann, um sie auf ihrer eigenen Site einzubauen.

Erkennungszeichen

Homepages, die vollgestopft sind mit extremistischen und haarsträubenden widersprüchlichen Meinungen und Ansichten. Vervollständigt werden diese ungewöhnlichen Sites mit

a) Material, das ganz offensichtlich von anderen Leuten stammt und gegen das Copyright verstößt – wie etwa Soundfiles mit Songs aus den Alben ihrer Lieblings-Rockstars oder Fotos aus Magazinen;
b) den ausgeklügeltsten Rechtfertigungen für den »Datenklau« – immer mit der Bemerkung versehen »aber das Internet sollte frei und unzensiert sein!«. Sogleich aber verweisen Wasserratten auf die strenge Beachtung des Copyrights und drohen mit rechtlichen Konsequenzen, wenn es darum geht, den Inhalt ihrer eigenen Site zu schützen.

Anlegestellen im Internet
Jede Newsgroup mit der Bezeichnung alt-Punkt-politisch-Punkt-kontrovers.

So vermeiden Sie, daß dieser Typ Sie mit E-Mails belästigt
Hierzu benötigen Sie auf jeden Fall zwei Wasserratten; beide werden aber nicht lange auf sich warten lassen. Schicken Sie jedem eine Mail und teilen Sie ihm mit, der andere hätte ihn als GAAZ (größtes Arschloch aller Zeiten) bezeichnet und ihm zudem noch Material von seiner Site kopiert. Die beiden werden sich sofort auf die Suche nacheinander machen, um sich gegenseitig an die Gurgel zu springen, und kommen nie mehr zurück.

Haie

Netz-Aktivitäten
Haie sehen jede Internet Site als Möglichkeit, Werbung für ihre kleinen Geschäftchen zu machen. Und die drehen sich meist um irgendwelchen Blödsinn, wie zum Beispiel Kassetten mit dem Titel »Botschaften aus dem Unterbewußtsein«, »Endlich mit dem Rauchen aufhören!« oder »Entwickeln Sie Ihr kreatives Ich!«. Haie verbringen ihr Online-Leben damit, E-Mails zu verschicken und Nachrichten in Newsgroups zu posten. Sie beginnen meist mit »Hi! Ich heiße Scott und komme aus Kalifornien. Ich finde Deine Homepage geil!« und enden mit der Aufforderung »Schick mir Deine Kreditkarten-Nummer SOFORT, dann erhältst Du innerhalb von sieben Tagen

den exklusiven Kurs auf Kassette zur Entwicklung des kreativen Ichs™ als ersten Teil des Programms zur Persönlichkeitsentwicklung®™©...«

Erkennungszeichen
Beängstigende Anhäufung der Worte »unterbewußt«, »Kreditkarten-Nummer« sowie »Hello« in ihren Mails und Postings.

Anlegestellen im Internet
Jede Newsgroup, von der sie vermuten, daß sich dort leichtgläubige, unreife User mit mehr Geld als Verstand aufhalten – und das ist in fast jeder Newsgroup so.

So vermeiden Sie, daß dieser Typ Sie mit E-Mails belästigt
Erzählen Sie ihm, Sie hätten von einer wunderbaren Newsgroup gehört, an deren Namen Sie sich leider nicht mehr so genau erinnern, die aber Alt-Punkt-leichtgläubig-Punkt oder so ähnlich heißen solle. Ein Hai wird sofort Geld wittern, sich unverzüglich auf die Suche machen und nie mehr zurückkommen.

Die Zukunft

Was wird aus dem Internet? Niemand weiß es. Deshalb können Sie im Grunde sagen, was Sie wollen.

Im Internet entwickeln sich die Dinge bekanntlich rasend schnell. Eine Entwicklung im herkömmlichen Computerbereich – etwa eine neue Version eines Textverarbeitungsprogramms oder eine Bildbearbeitungssoftware – benötigt vielleicht ein oder zwei Jahre, vielleicht auch mehr, bis sie marktfähig ist. Im Internet kann fast jedes neue Programm oder Update als freie Testversion heruntergeladen werden. Die Zeit zwischen der fertigen Produktentwicklung – oder meist auch halbfertigen, nämlich der sogenannten »Beta-Version« – und dessen Vertrieb beträgt dann vielleicht nur noch ein oder zwei Monate.

Wenn Sie also mit jemandem plaudern, der sich für eine spezielle technische Entwicklung begeistert (»Ich habe gehört, daß in den Internet Explorer 6 ein stereoskopes VRML integriert wurde«), konstatieren Sie folgendes:

a) Das ist doch schon ein alter Hut und einfach überholt. (»Tja, es tut mir sehr leid, Ihnen das sagen zu müssen, aber der IE6 ist wirklich Schnee von gestern. Immerhin werden jetzt endlich einige seiner Bugs im IE7 behoben. Details über diese neue Version sind bereits durchgesickert«) oder:

b) Das ist doch viel zu kompliziert für die meisten Leute. (»Ihnen wird ja wohl klar sein, daß nur fünf Prozent der Internet-User überhaupt in der Lage sind, dieses Ding korrekt zu installieren. Und wenn sie es dann endlich zum Laufen bekommen haben, ist schon die nächste Version auf dem Markt.«)

Aber im allgemeinen wollen sich die Leute gar nicht über solche speziellen Themen unterhalten. Sie wollen Zukunftsszenarien. Das Geplauder auf einer Dinner-Party dreht sich nur selten um die aufregenden Möglichkeiten, die SQL Server, Datenbanktechnologie und VB Scripte bieten. Der Small Talk dreht sich vielmehr um den Nutzen des Internet, wohin es sich entwickelt und um weitere Gedanken mit zu vielen Großbuchstaben.

Für einen gepflegten Small talk können Sie sich nun aus der folgenden Liste eine beliebige Meinung auswählen. Je nachdem, wen sie damit verblüffen wollen. Und denken Sie dabei an die Großbuchstaben:

a) Die Welt wird zum Paradies werden. Bis zum Jahre 2008 wird jeder Mensch auf der ganzen Welt einen Online-Anschluß besitzen. Das Internet wird Geschäfte und Boutiquen, Büros und Geschäftsreisen überflüssig machen. Durch die enorme Kostenersparnis wird im Netz alles kostenlos sein. Es wird keine Kriege mehr geben, und alle werden glücklich sein.

b) Die Welt wird zur Hölle werden. Im Jahr 2008 wird jeder Mensch in der westlichen Welt einen Online-Anschluß besitzen. Aber die schnell anwachsenden Milliardenheere von Armen in der dritten Welt werden noch immer in Armut leben. Das daraus entstehende Ungleichgewicht wird einen Weltkrieg auslösen, und Wissenschaftler aus der dritten Welt bauen Atombomben. Die Anleitung zu deren Herstellung beziehen sie aus dem Internet. Das wird keiner überleben.
c) Die Regierungen werden die Herrschaft über das Internet übernehmen. Im Jahr 2008 wird der Große Bruder uns wirklich bis in den kleinsten Winkel beobachten können. Sämtliche E-Mails, Kontobewegungen und persönlichen Daten – alles wird elektronisch aufgezeichnet und kann überprüft werden. Internet-Computer werden alle mit Kameras ausgestattet, um den User rund um die Uhr zu beobachten. Totalitäre Regime werden überall die Macht übernehmen. Wir werden alle unterdrückt.
d) Die Menschen übernehmen selbst die Kontrolle über das Internet. Im Jahr 2008 gibt es ein so hohes Verkehrsaufkommen auf dem Info-Highway, daß die Kontrolle einzelner User durch den Staat unmöglich wird. Kleine selbstverwaltete Gruppen und Interessengemeinschaften werden sich konstituieren. Und die Leute werden zusammen in »Virtuellen Dörfern« leben. Wir werden grenzenlose Freiheit genießen.
e) Das Internet ist eine vorübergehende Modeerscheinung. Im Jahr 2008 hat sich der Reiz des Neuen abgenutzt. Das Netz ist nichts anderes als ein Faxgerät: Nützlich in seiner begrenzten Funktion, aber es ver-

ändert unser Leben nicht merklich. Jeder wird sich mehr oder weniger genauso um seine Angelegenheiten kümmern, wie vor der Zeit des Internet.

Das wahrscheinlichste Szenario ist natürlich Version e). Wenn es eintrifft, haben Sie auf jeden Fall Geld in Höhe von ungefähr einem Jahresgehalt gespart. Denn Sie haben ja dieses Buch gekauft und sich noch nicht in das teure Vergnügen gestürzt, den ein Sprung ins Internet mit sich bringt.

Wenn es etwas gibt, das uns in der Zukunft mit Sicherheit blüht, dann ist es das Internet. Egal ob zu Hause oder am Arbeitsplatz, es (be-)trifft jeden von uns. Und je voluminöser sich das Netz entwickelt, desto kürzer wird sein Name. Im Jahre 1969 entstand das »Defence Advance Research Projects Agency Net«, eine Vernetzung von vier amerikanischen Rechnern im militärischen Forschungsbereich unter der Ägide des Verteidungsministeriums. Im Vergleich zum heutigen Stand der Technik entsprach dies ein paar Blechdosen, die mit einer Schnur verbunden sind.

Zu Beginn der neunziger Jahre wurden einige private User zu dem ein paar tausend User umfassenden Netzwerk von Firmen-, Hochschul- und Militärrechnern zugelassen, und die Bezeichnung »Computer Internet« wurde im Lauf der Zeit zu »Internet« verkürzt.

Mitten im Jahr 1997 tummelten sich bereits zwischen 50 und 80 Millionen Surfer im Internet, das nur noch »das Netz« genannt wurde, und schließlich wurde noch dessen großer Anfangsbuchstabe geschrumpft, so daß jeder ganz cool nur noch »das net« haucht.

Im Jahr 2008 werden alle Menschen dieser Erde über Online-Anschlüsse miteinander verbunden sein. Der Name wird nur noch aus trendigen weißen Flächen bestehen, und die Buchstaben teilen sich immer weiter, bis sie nur noch ein paar Punkte bilden, die wie Fliegendreck aussehen. Sie werden geselligen Umgang pflegen und Sex über Ihren PC-Bildschirm haben, auf Reisen gehen, ohne dabei Ihren Schreibtisch zu verlassen und sich mit Tausenden von Leuten, die Sie niemals kennengelernt haben, heftige Wortgefechte liefern. All das wird möglich sein in einem merkwürdigen Gebilde, das noch nicht einmal mehr einen Namen hat und daher auch für nichts mehr zur Rechenschaft gezogen werden kann.

Glossar

Applet – Anhäufung von Programmiercode – in Java geschrieben. Meist gespickt mit Grafiken, Animationen und Visuals (solche wie etwa in »Bitte ein Stück von der köstlichen englischen Appletart!«).

ASCII – American Standard Code for Information Interchange, »ass-key« ausgesprochen. Die Zusammensetzung von Zeichen in E-Mails (nur A-Z, a-z, 0-9 sowie einige Satzzeichen). ASCII macht jede europäische Sprache auf einer Computertastatur reproduzierbar und dadurch unverständlich.

Baud Rate – Die Geschwindigkeit, mit der Informationen durch die Telefonleitung zu Ihrem Computer geleitet werden. Egal wie schnell das geht – es wird ihnen langweilig erscheinen: 14 K Zeichen pro Sekunde (K steht für 1000) ist einfach trostlos; 28 K absolut lächerlich. Und 56 K, das Limit eines etwas ambitionierteren Modems, ziemlich lahm.

Bulletin Board – auch Schwarzes Brett genannt. Eine E-Mail-Konferenz von Computer-Usern, die meist über ziemlich schwachsinnige und langweilige Themen diskutieren.

Cybercafé – Ein Café mit Computern, die an das Internet angeschlossen sind. Diese können Sie stundenweise mieten und über sie Pizza bestellen.

Dynamisches HTML (DHTML) – »Aufgebohrtes« HTML, mit dem sich beispielsweise Texte interaktiv verändern lassen. Ziemlich nützlich. Nur wenige Browser können damit umgehen – und ebenso wenige Webmaster.

FAQ – Frequently Asked Questions; wörtlich: Häufig gestellte Fragen. Der Bereich einer Site, in dem hilfreiche Antworten auf typische Fragen von Internet-Einsteigern wie etwa diese gesammelt werden: »Hilfe! Wie kann ich denn diese FAQ-Seite finden?«

Flaming – Das Versenden von Beleidigungen über das Internet. Die eine Hälfte der Flames sind Antworten auf andere Flames. Sie zeichnen sich durch einen unflätigen Sprachstil aus, mit dem sich die Adressaten über den unflätigen Sprachstil des Absenders empören. Die andere Hälfte der Flames dient dazu, solche Antworten zu provozieren.

HTML – Hyper Text Mark-up Language: Langatmige Layout-Anweisungen innerhalb von ‹ ›-Klammern. Mit ihnen lassen sich Web-Sites gestalten und mit anderen Seiten verbinden. Steht auch für »Horribly Tangled Messy Language« was soviel heißt wie »furchtbar vertrackter Sprachen-Mischmasch«.

Hypertext – Hyperaktiv unterstrichene Wörter auf Web-Sites. Wenn Sie eines dieser Wörter anklicken, gelangen Sie zu anderen Web-Sites.

Internet Explorer – Web Browser von Microsoft. Wird immer »IE« genannt, wie die lateinische Abkürzung für

»das ist«. Denn User haben immer das Bedürfnis, zu kommentieren, was sie gerade tun.

IP – Internet Protokoll. Eine der schönsten Tekki-Abkürzungen, mit der Sie Ihren Small talk aufpeppen können. Einfach und wahllos einsetzbar, um Ihre Mitmenschen zu verblüffen, ohne daß Sie dabei selbst die Bedeutung des Wortes kennen müssen. Ähnlich wie TCP (Transmission Control Protocol), SLIP (Serial Line Internet Protocol) und PPP (Point to Point Protocol).

IRC – Internet Relay Chat. Damit können Sie eine »Konversation« in Echtzeit über das Internet mit Leuten führen, die geistesverwandt mit Ihnen sind. Zum Beispiel jemand, der Ihnen im Internetcafé gegenübersitzt.

ISDN – Integrated Services Digital Network. Eine ziemlich schnelle digitale Verbindung, die Web-Site-Designer dazu verleitet, noch kompliziertere Grafiken zu entwickeln, wodurch alles wieder schön langsam wird.

JavaScript – Die Programmiersprache von Netscape, mit denen Ihr Browser nette interaktive Spielereien treiben kann – beispielsweise Puzzleien während Ihrer Kaffeepause.

Microsoft Network – Einst ein Internet-Dienst, der Besitzern von Windows '95 angeboten und in neue PCs eingebaut wurde. Quasi Bill Gates private Daten-Rennstrecke. Aufgrund von zu geringem Verkehrsaufkommen wurde dieser Dienst eingestellt.

Netiquette – Der Knigge für das gute Benehmen im Netz. Enthält erstaunlich schlichte und naheliegende Regeln, wie folgende Beispiele zeigen: »Versuchen Sie möglichst verständliches Deutsch zu schreiben!«

oder »Attackieren Sie andere Internet-User nicht verbal, vorausgesetzt Sie wurden nicht zuerst angegriffen«.

Netscape – Ein Unternehmen, das den Communicator vertreibt, die direkte Konkurrenz zum Internet Explorer. Über das Internet als kostenloses Download erhältlich. Ist diese Version endlich vollständig auf Ihren Rechner heruntergeladen, ist sie leider meist schon wieder veraltet.

›Neuromancer‹ – Titel eines Buchs des amerikanischen Autors William Gibson aus dem Jahr 1984, durch das Ausdrücke wie »Cyberspace« und »ins Netz einbrechen« gesellschaftsfähig wurden.

Newbie – Jeder Neuling im Internet, der neu genug ist, um ernsthaft zu glauben, daß man auf eine nette und freundliche Frage, die man in eine Newsgroup stellt, eine ebenso nette und freundliche Antwort bekommt.

POP – Point of (Internet) Presence. Der nächstgelegene Surfer in Ihrer Umgebung.

Push Technologie – Diese technische Errungenschaft versorgt Sie mit Informationen über das Internet, die Sie irgendwann einmal aus Neugierde bestellt haben und seitdem regelmäßig damit zugemüllt werden. »Proaktiv« nennen das die Marketingleute – normale Menschen bezeichnen es schlicht als »ärgerlich«.

Server – Ein Computer, der Informationen für das Internet bereitstellt. Schneller als Boris Becker – und noch schneller im »In-die-Knie-Gehen«.

SIG – Special interest group. Hinter dieser Abkürzung verbirgt sich immer etwas Uninteressantes, wie zum Beispiel das Thema Computer.

Spamming – Das ständige und wahllose Versenden von merkwürdigen Nachrichten (abgeleitet von einem Monty Python Sketch, in dem zwanghaft das Wort »Spam« endlos wiederholt wird).

Transmission interrupted – Eine ganz gewöhnliche Fehlermeldung. Sie erscheint, wenn die Internet-Seite, die Sie angewählt haben, sich nicht volls än ig lädt.

UNIX – Ein Betriebssystem, unter dem die meisten Server laufen. Meist auch »Ei nix« betont – wegen der nicht sichergestellten Nachfolge.

Vbasic – Visual BASIC – Microsofts Pendant zu JavaScript. Leicht zu erkennen am Programmiercode mit den vielen %-Zeichen. Sie symbolisieren offenbar die Sicht von Microsoft auf die Welt.

VRML – Virtual Reality Modelling Language. Dient zum Entwerfen künstlicher Internet-Welten, in denen Phantasieszenen realisiert werden. Zum Beispiel eine, in der Newsgroups nett und hilfsbereit zu den Newbies sind.

Webmaster – Die Leute, die eine Site pflegen und Geschichten erfinden, um glaubhaft zu erklären, warum die Site schon dreieinhalb Monate nicht mehr upgedatet wurde.

WWW – Abkürzung für World Wide Web. Eines der typischsten Beispiele aus der Computerterminologie. Denn hier ist die Abkürzung weniger verständlich und schwieriger auszusprechen als die ursprüngliche Bezeichnung.

Gabriel Barylli

Butterbrot

Roman

Band 10403

Der Wiener Schauspieler und Autor von Theaterstücken hat unter dem ungewöhnlichen Titel ›Butterbrot‹ einen Roman über die Liebe geschrieben und über die Sehnsucht nach Glück und Verläßlichkeit in einer Zeit, in der allenthalben Beziehungen zerbrechen. Sein Held Martin, Architekt, 35, ehe- und beziehungserfahren, reist mit Maria nach Venedig, um vor dem Hintergrund der alten Lagunenstadt den Beginn einer neuen Liebe zu wagen. Eingeflochten wird die Geschichte von Martins Ehe mit Susanne, die an Illusionen und unrealistischen Glückserwartungen scheiterte, und die Geschichte der Männerfreundschaft zwischen Martin, Peter und Stefan, von denen jeder auf seine Weise mit den Verletzungen des Lebens fertig wird. So ungewöhnlich wie der Titel – die Metapher ›Butterbrot‹ steht hier für Realismus, Bescheidenheit, Alltagspoesie – ist dieser Liebesroman eines Mannes zum Thema ›Abschied vom Märchenprinzen‹. Ein zauberhaftes, prickelndes, exhibitionistisch ehrliches, vor Wortlust sprühendes Buch, das die Liebe endlich wieder auf humorvolle Weise ernst nimmt. Ein Männerbuch nicht nur für Frauen – verfilmt mit dem Autor in der Hauptrolle – und ein Super-Lesevergnügen.

Gabriel Barylli

Folge dem gelben Steinweg

Roman

Band 11483

Stephan Kowalski, der junge, begabte und erfolgreiche Schauspieler aus Gabriel Baryllis fulminantem Debütroman ›Butterbrot‹, ist auch der Ich-Erzähler dieser Geschichte. Das Bewußtsein der Verlogenheit und grenzenloser Mittelmäßigkeit, das ihm während der Premiere einer Othello-Inszenierung schlagartig offenbar wird, veranlaßt ihn zu einem klaren Schnitt: Noch während der Aufführung verabschiedet er sich von seinem Publikum und reist in eine andere Welt, nach Ägypten. Dort, an den Ufern des Nils, wo Segelboote wieErinnerungen aus einer anderen Zeit ruhig über den Fluß ziehen, ist für ihn der Moment des Innehaltens, der Reflexion gekommen. Was bestimmte sein bisheriges Leben, wer waren die Menschen, die seinen Weg begleitet oder auch nur gekreuzt haben? Dabei wird eines immer deutlicher: Es geht ihm nicht um die Aufarbeitung persönlicher Dissonanzen. Grundsatzfragen drängen sich auf. Fragen, die uns alle angehen, falls wir noch so ehrlich sind, sie überhaupt zulassen zu können. Und es geht um die Absurdität und Spießigkeit einer Gesellschaft, die meint, mit Geld alle Probleme aus der Welt schaffen zu können. Gabriel Barylli spricht aus, was seine Generation an Unbehagen empfindet, wonach sie sich sehnt. Ein Buch, das auf jeder Seite Vergnügen bereitet, ohne daß der Kopf dabei zu kurz kommt.

Fischer Taschenbuch Verlag

fi 1022 / 8

Karin Hartig

Ehemänner und andere Irrtümer

Roman

Band 13881

Corinna Beifuß ist temperamentvolle 33 Jahre alt und eigentlich rundherum zufrieden. Sie hat Familie, sie hat einen Job, und beide bringt sie auf unnachahmliche unkonventionelle Art und Weise unter einen Hut. Sogar die mehr oder weniger geschlechtsbedingten Macken ihres Ehemannes Benno und die Neurosen der Nachbarschaft können sie kaum noch aus dem Konzept bringen. Doch als Benno so heimlich wie überraschend den Entschluß faßt, ein halb verfallenes Haus auf dem Lande zu kaufen und mitsamt Corinna und Sohn Julian dort einzuziehen, geht es plötzlich rund. Von einer Minute zur anderen geraten die Grundpfeiler ihres so mühsam geregelten Lebens ins Wanken. Ein Landei laß ich nicht aus mir machen, schwört Corinna und nimmt den Kampf auf. Zwar gelingt es ihr nach einigen Verwicklungen tatsächlich, Benno umzustimmen, es kehrt also wieder Frieden ein, aber wie so oft nach einem vermeintlichen Sieg entpuppt sich die Ruhe als ausgesprochen trügerisch.

Fischer Taschenbuch Verlag

fi 722 / 5